생태경제학자 조영탁,

탄소중립과
에너지체제 개혁을
말하다

조영탁

보고사
BOGOSA

두 개의 '앙시앙 레짐'

'연못가 봄풀이 미처 꿈을 깨기도 전에, 섬돌 앞 오동나무잎은 이미 가을 소리를 내는구나!(未覺池塘春草夢 階前梧葉已秋聲)'. 청운의 꿈을 품었던 대학시절 교양한문 시간에 배운 권학문의 한 구절이다. 당시에는 봄과 가을의 풍경과 정취를 시간 흐름에 따라 전개해 놓은 대위적 구조에 이끌렸다면, 이제 정년에 이르러서 보니 작자의 심정을 표현하는 두 구절의 화성적 조화가 더 와닿는다. 나이가 든다는 것은 냉철한 논리와 형식보다 따스한 감성과 조화의 눈으로 세상을 보게 되는 것과 비슷한 이치인 것 같다.

오랜 연구인생의 막다른 길에 서서 뒤돌아보니 지나온 길 곳곳에서 너무나 많은 분의 도움을 받고 신세를 졌다. 평생 책상물림의 삶을 살다 보니 이에 보답하는 방법은 보잘것없는 책밖에 없는 것 같다. 이 책은 그런 취지로 탄소중립과 에너지문제에 관해 여기저기 쓴 칼럼과 기고를 모은 것이다. 몇 년 전에도 전력거래소에서 학교로 복귀하면서 도와주신 분들께 드리기 위해 칼럼집을 발간한 적이 있는데, 그 책은 저자가 그 이전에 발간한 책의 대중버전이란 의미도 지니고 있었다.

이번에는 '탄소중립과 에너지체제 개혁'에 대한 책과 그 대중버전으로서 칼럼집을 병행할 예정이었는데 '짧은 시간도 소홀히 하지 마라'는 권학문의 경구를 따르지 못해 부득이 칼럼집을 먼저 내게 되었다. 지난 번 칼럼집이 에너지문제를 일부 포함하면서 '생태경제와 그린 뉴딜'이란 다소 포괄적인 내용이었다면, 이번 칼럼집은 탄소중립과 에너지문제에 집중하였다.

저자를 포함한 대다수 전문가들이 진단하고 있듯이 우리나라 에너지의 '앙시앙 레짐(Ancien Régime)', 특히 현재의 낡은 전력수급체제로는 전력산업 나아가 한국경제의 탄소중립이 쉽지 않다. 설상가상 이러한 에너지체제에 진영편향의 정치체제라는 '또 하나의 앙시앙 레짐'이 가세하여 우리나라 에너지정책은 지난 십여 년간 심한 갈등과 혼선을 경험한 바 있다. 이 책은 바로 우리나라 탄소중립의 가장 큰 걸림돌인 에너지 및 정치라는 '두 개의 앙시앙 레짐'에 관한 것이다.

우선, 제1부는 두 차례에 걸쳐 수립된 우리나라 온실가스 감축계획의 문제점 그리고 그 주요 원인으로서 역대 정부의 진영편향을 지적한 것이다. 이들 두 번의 감축계획은 국내·외의 냉엄한 현실에 기반하지 않고 정치적 진영논리로 온실가스 감축문제에 접근하면 어떤 부작용이 발생하는지를 보여주는 대표적인 사례다. 지금 우리에게 필요한 것은 진영편향의 정치구호로 포장된 탄소중립이 아니라 '전력정책의 진영중립, 전력시장의 규제중립, 전력망의 이해중립'의 3가지 중립을 구현하는 새로운 에너지체제를 만드는 것이다.

제2부는 이러한 새로운 체제를 구축하기 위해서 정치권이 진영

편향의 소모적인 대립에서 벗어나 각자의 정책철학에 기초한 협치에 노력해야 함을 강조한 것이다. 우리 모두가 알고 있듯이 온실가스 감축문제 논란이나 원전과 재생가능에너지 간의 갈등은 각 정당의 진영편향에 기인하는 바가 크다. 또한 현재의 낡은 에너지 거버넌스는 전력부문의 과도한 정치개입으로 탄소중립에 중요한 시장 및 기술혁신을 저해하고 있다. 따라서 정치권이 협치를 통해 최우선으로 해결해야 할 과제는 정책, 규제, 시장의 삼위일체형 거버넌스를 '정책, 규제, 시장 간의 삼권분립형 거버넌스'로 전환하는 일이다. 이는 많은 이해관계자의 관심사인 만큼 정치권이 나서서 서로 머리를 맞대야 해결할 수 있다.

제3부는 전력수급체제의 3대 중심축인 '전력계획, 전력시장, 전력계통'의 개선과제를 언급하고, 전력시장의 최우선 과제이자 근래 전 국민의 관심사로 부상한 전력요금 문제에 관한 글을 덧붙인 것이다. 우선 '전력계획'의 핵심인 전력수급기본계획을 현재의 방식에서 시나리오방식으로 전환하면 진영편향을 완충하면서 정부계획의 신뢰성과 실현가능성을 도모할 수 있다. 또한 '전력시장'의 측면에서 중립규제기관의 정립하에 산업구조를 개혁하고 시장기능을 활성화하면 탄소중립의 다양한 혁신과 전력신산업 활성화까지 도모할 수 있다. 탄소중립의 아킬레스건으로 등장한 '전력계통' 역시 망 사업의 분리와 분산에너지 활성화를 통해 전력망 확충의 불확실성을 줄일 수 있다.

제4부는 전원믹스와 전력망 그리고 분산화 문제에 초점을 맞춘 것이다. 전원믹스는 지난 수십 년간 첨예한 진영대립을 유발했던 문제로 이제는 소모적 정쟁과 극한의 갈등을 지양하고 한국 현실에

맞는 실사구시의 전원믹스를 추구할 필요가 있다. 탄소중립이 장기목표이기는 하나 한국의 현실에서 당분간 가스발전 등 전통 발전원 역시 주어진 역할이 있으며, 중장기적인 탄소중립을 위한 재생가능에너지 보급방식 역시 개선해야 한다. 분산에너지 활성화는 악화일로의 송전망 문제와 안정적인 수급안정은 물론 무탄소 전력의 공급확대에 매우 중요하다. 전 세계적으로 새로운 성장산업으로 부상하고 있는 전력신산업 역시 분산에너지의 활성화와 밀접하게 연관되어 있다. 끝으로 제5부는 전력요금, 원전문제, 가스난방비 문제에 관한 좌담으로 주제는 조금씩 다르지만, 그 내용은 전술한 제1~4부에서 언급한 기조와 크게 다르지 않다.

이상의 각 부에서 다루는 이슈는 조금씩 다르지만, 그 공통분모는 우리나라 에너지체제의 개선없이 진영편향적 정치구호만으로는 탄소중립 구현이 어렵다는 점이다. 신뢰성이 있는 유연한 정부계획, 공정하고 강건한 전력시장, 그리고 전문적이고 중립적인 규제기관에 기반한 '누보 레짐(Nouveau Régime)'만이 전력산업은 물론 한국경제의 탄소중립을 앞당길 수 있다. 이를 위한 전제조건이자 출발점은 진영편향적 정책의 지양과 정치권의 생산적인 협치에 있다는 점을 다시 한번 강조해 두고자 한다.

평소의 지론을 담은 것이기는 하나 이번 칼럼집 역시 사전 기획이나 의도를 가지고 쓴 것은 아니다. 원고청탁에 따라 당시의 상황에 맞추어 쓴 글들을 이슈별로 모아 조합한 까닭에 책 이름에 걸맞은 모든 내용을 제대로 갖추지 못했고, 일부 내용상 중복되는 것도 있다. 더구나 글자 수와 집필시간이 제한된 칼럼형식에다 '의마지재(倚馬之才)'의 능력도 없다 보니 주제별 내용을 충실하면서도 간결하게 전달하지 못해 여러모로 부끄러운 마음뿐이다. 그럼에도 저자에게 칼럼, 기고, 좌담의 소중한 기회가 주어지지 않았다면 이 책의 발간은 불가능했을 것이다. 여러모로 부족한 저자에게 귀중한 지면을 내어주신 각 신문사와 관련 기관에 깊이 감사드린다.

책의 에필로그에서 구체적인 감사와 소회를 밝히겠지만 바쁘신 와중에 분에 넘치는 축하의 글을 써 주신 강금실 대표님과 유승민 선배님, 책 표지에 과분한 촌평을 써주신 네 분의 교수님들께 깊은 감사의 인사를 드린다. 또한 오랜 연구인생의 동반자로서 많은 도움을 주신 전문가 여러분과 긴 세월동안 연구 및 강의의 든든한 기반이 되어준 한밭대학교와 여러 교수님들, 특히 너무나 많은 도움을 주신 경제학과 교수님들께 머리 숙여 감사드린다. 끝으로 바쁘다는 핑계로 가족의 일원으로 제대로 역할을 하지 못한 점을 너그럽게 이해해 준 가족들에게 미안함과 함께 감사함을 전한다. 끝으로 지난 번에 이어 칼럼집 출판을 흔쾌히 맡아주신 보고사에도 고마움을 전한다.

2025년 2월
조영탁

문제는 "정치"

2025년은 정부가 기후위기대응을 위한 2035 국가온실가스감축목표(NDC) 계획안을 제출해야 하는 해이다. 그런데 2024년 8월 29일에 있었던 헌법재판소의 결정에 따라 "2050 넷제로"를 위한 2049년까지의 장기 감축목표도 수립해야 하는 입법과제가 겹쳐 있다. 이런 가운데 사상 초유의 현직 대통령 내란사태로 탄핵과 조기 대선이 불가피한 정치적 격랑의 시기이기도 하다. 마침 이러한 때에 조영탁 교수님의 탄소중립과 에너지체계 개혁을 주제로한 저서가 출간됐다. 정부와 정치인들에게 국가적 에너지 전환 정책의 기조를 결정하는데 크게 도움을 줄걸로 기대된다.

저자는 국내 생태경제학의 개척자이면서 한국전력거래소 이사장 등을 역임하여 에너지정책과 전력산업의 실제를 깊이 들여다본 실무가이기도 하다. 저자의 학문과 정책실무를 겸비한 이런 경험이 "에너지 거버넌스 개혁론"을 튼튼하게 뒷받침하고 있다. 저자는 우리나라 에너지전환에 가장 걸림돌이 되는 것은 정치 편향성이라고 지적한다. "에너지계획의 수립과정이 '과잉 정치화'될수록 그 내용은 '과소 전문화'되고, 원전이냐 재생에너지냐로 특정 전원에 대한 '정치적 확신'이 강할수록 '해당계획의 불확실성'은 커진다"는 것이다. 기후위기를 대응하기 위한 우리의 탄소중립 전환에서 가장 큰 걸림돌은 바로 "정치"이다. 과감한 "정치중립"적 계획수립과 정책실행이 절실히 요구되면서도 아직 풀지 못한 채 악순환을 겪고 있는 것이다.

저자가 소개하는 생태경제학에서 볼 때, 위기에 처한 자연생태계의 안정적 전환–'복원력(resilience)'은 생물다양성에서 나온다. 우리는 여기에서 교훈을 얻어 기후위기에 대처하고자 하는 에너지 전환에서도 다양성을 수용해야 한다. 에너지원에 집중하는 좁은 시야를 넘어, 정부 독점적인 구시대적 운영체계를 넘어 '탈탄소화(Decarbonization)'·'분산화(Decentralization)'·'디지털화(Digitalization)'의 3D 패러다임 전환을 기조로 에너지 산업구조와 시장체제의 개혁이 이뤄져야 하는 것이다. 정부 독점적 결정을 정치의 통제를 받지 않는 독립된 기구의 결정으로, 정책결정과 실행과정에서 정부 뿐 아니라 민간, 기업 등 다양한 주체들의 참여로 역동성이 반영되는 구조적 전환을 해야 한다.

한편 국제상황은 우크라이나 전쟁과 미중갈등을 겪으며 신기후체제가 크게 영향을 받고 있다. 재생에너지로의 전환과 산업구조의 변환에도 필수적으로 원료 광물의 확보문제가 따른다. 탄소중립은 구호만으로 달성되지 않는다. 우리 산업구조와 에너지 현황의 현실을 반영한 보다 더 치밀한 모자이크식 단계적 접근이 요구된다. 탄소중립과 "에너지안보"는 풍랑을 헤치고 나가듯 글로벌사회와 연결되어 실시간으로 변화하는 상황의 다각적 측면에 대처하고, 정치편향적 이상에 치우치지 않고 냉정하게 현실을 직시해야 한다.

　결국은 당리당략적인 이해관계와 확신편향에서 벗어나 다양한 수용성과 분산형 거버넌스를 받아들이는 것이 저자가 제시하고자 한 방법론이 아닐까. 근본과 현실을 동시에 고려하는 저자의 이 책을 정치인 뿐 아니라, 우리 사회의 구조개혁에 관심을 기울이고 기후위기시대를 헤쳐나가고자 하는 모든 분께 한 장 한 장 페이지를 넘기며 생각하는 시간을 가져보자고 권하고 싶다.

－ 강금실 (전 법무부장관, 지구와사람 공동대표)

실사구시의 에너지정책을 기대하며

경제학은 상아탑의 학문이 아니다. 경제학은 그 본성이 현실참여 학문이라 경제학자는 현실 속에서만 살아 숨쉰다. 경제학자가 가장 보람을 느끼는 순간, 또 우리 사회에 조금이라도 도움이 되는 순간이 있다면, 그건 그의 고민과 처방이 사람들을 인간답게 잘 살도록 만들어줄 때일 거다. 경제학과에 입학했는데 경제학이 폼 나는 형이상학이 아니라 인간의 먹고사는 문제를 다루는 형이하학임을 바보같이 뒤늦게 깨닫고 실망했던 적이 있다. 이 실망이 보람과 긍지로 바뀌기까지 수십 년이 걸렸다.

조영탁 교수는 에너지 분야를 연구한 생태경제학자이지만 결코 상아탑에 머물지 않았다. 조교수는 탄소중립과 에너지라는 주제를 부여잡고, 국가와 시장의 분업, 정부실패와 시장실패의 문제를 누구보다도 균형있게 고민하고 해법을 제시한 살아있는 경제학자였다. 사회과학을 공부한 사람들이 정치인과 관료를 상대로 정책자문을 할 때 흔히 어느 진영의 편향을 가진 폴리페서가 되기 쉬운데 조교수는 그러지 않았다. 조교수는 보수와 진보라는 진영의 포로가 되지 않았고, 정치논리가 정책과 시장을 어떻게 왜곡하는지를 통렬하게 지적해왔다.

탄소중립과 에너지안보 등에 대해 조교수가 쓴 글들을 읽어보면 기후위기와 에너지 문제에 대해 정권이 바뀔 때마다 우리 정치와 정부가 매몰되었던 논쟁들이 얼마나 유치했었는지를 깨닫게 된다. 원전파와 탈원전파의 의미 없는 이념싸움, 재생에너지의 허허실실, 에너지안보와 광물안보, 불합리한 규제와 왜곡된 전력요금이 낳은 한국전력의 누적된 문제, 발전 못지 않게 어려운 송전망 문제 등 에너지 산업생태계의 여러 이슈들에 대해 조영탁 교수는 우리의 고정관념, 착각과 환상을 깨부수고 현실과 시장의 작동원리에 기반한 해법을 제시한다. 이것은 실사구시의 자세를 견지한 훌륭한 경제학자만이 할 수 있는 일이다.

우리나라 에너지 분야 전반의 거버넌스, 에너지정책, 관련 산업과 시장이 탄소중립을 향해 나아가면서 혁신을 통해 경쟁력을 가지려면 조영탁 교수의 통찰을 바탕으로 제도와 정책을 개혁해야 할 것이다. 안타깝게도 한국경제는 오래전부터 내리막길을 걷고 있다. 저성장-저출생-양극화를 극복할 수 있느냐에 우리 미래가 달려있다. 에너지는 우리 경제의 기본이다. 에너지 분야에서 탄소중립과 혁신을 실현할 수 있다면 다시 성장하는 경제로 나아가는 열쇠가 될 것이다.

조영탁 교수가 정년퇴임을 앞두고 그동안 쓴 글을 모아 한 권의 책을 펴낸다는 얘기를 듣고 처음 든 생각은 우리 인생이 왜 이렇게 짧냐는 푸념이었으나, 곧 이어 조영탁 교수가 오히려 정년을 계기로 더 자유롭게 온갖 병을 앓고 있는 우리 경제를 치유할 명의로 다시 태어나 주기를 진심으로 바라는 기대가 생겼다.

사실 조영탁 교수와는 평생의 인연이 있다. 영탁이는 내 절친의 동생이라 어릴 때부터 대구 삼덕동의 한 골목에서 살고 같이 뛰어놀았다. 고등학생이던 조영탁과 그의 친구에게 영어를 잠깐 가르친 적도 있다. 그 두 학생이 모두 경제학과에 입학했고 경제학자가 되어 이 소중한 인연이 뿌듯하다. 영탁이 아버님은 한국전력에 근무하셨다. 평생을 한전에 바치셨던 아버님께서 하늘나라에서 아들이 쓴 이 책을 보시면 아주 기뻐하실 것 같다. 영탁아! 다시한번 정년퇴임과 책 출간을 진심으로 축하한다.

– 유승민 (전 바른정당대표, 전 국회의원)

차례

제5부 좌담: 진영편향의 에너지정치 넘어서기

제1부

탄소중립과 온실가스 감축문제

미리
보기

제1부는 우리나라 탄소중립과 온실가스 감축과 관련한 세 가지 이슈, 즉 국제사회에 선언한 우리나라 온실가스 감축목표 문제, 온실가스 감축과정에서 간과해선 안 될 에너지안보 문제, 그리고 탄소중립을 달성하기 위해 선행해야 할 전력부문의 개혁과제에 대한 것이다.

이들 세 가지 이슈의 개관에 앞서 기후변화와 온실가스 감축문제를 보는 이 책의 관점에 대해 간략히 언급하고자 한다. 우선 기후변화는 예상보다 빠르게 진행되고 있고, 기후변화 방지를 위해 지구상 모든 국가들의 시급한 대응과 긴밀한 협력이 필요한 상황이다. 문제는 기후변화가 경제학에서 말하는 일종의 공공재 문제로서 개별국가의 무임승차를 유발한다는 것이다. 즉 기후변화 방지는 지구상의 모든 국가들이 바라는 목표지만, 그 해결 과정에서 개별국가는 가능한 자신의 감축 부담을 적게 하고 다른 나라들이 감축을 많이 해주길 바란다. 이렇게 해서 기후변화를 완화하게 되면 부담을 적게 한 국가도 똑같이 그 혜택을 누릴 수 있기 때문이다. 경제학 용어로 말하자면 기후변화 방지의 비경합성과 배제불가능성으로 인해 각 개별국가의 무임승차 문제가 발생하는 것이다.

만일 한 국가 내에서는 이와 유사한 문제가 발생하면 정부가 직접 나서서 해당 문제를 해결하고 그에 필요한 비용은 모든 구성원에게 조세 등의 방식으로 징수하여 무임승차 문제를 피할 수가 있다. 대표적 공공재인 국방이나 치안 서비스를 정부가 직접 제공하고 그 비용을 조세로 충당하는 것이 그 사례다.

하지만 개별국가들로 구성된 국제정치에서는 개별국가의 상위에서 이들에게 강한 구속력을 발휘할 수 있는 지구정부(global state)나 그에 준하는 국제 거버넌스가 존재하지 않는다. 즉 한 국가 내에서와 달리 국제정치질서는 일종의 무정부상태인 셈이다. 베스트팔렌조약 이후로 정착된 개별 주권국가 중심의 국제정치질서가 기후변화나 팬 데믹 등과 같이 초국가적 과제해결에 한계가 있다는 지적도 있고 이를 보완하거나 대체할 수 있는 새로운 국제정치질서의 필요성도 논의가 되고 있으나 현재까지 성공적인 사례는 드물다. 최근 미중간의 체제대립으로 인한 국제정치질서의 혼선은 새로운 질서의 출현을 더욱 어렵게 하고 있다.

기후변화 문제 역시 현재 국제정치질서의 한계를 보여주는 사례로서 개별국가에게 온실가스 의무감축량을 할당하고 불이행시 페널티를 가하는 방식, 즉 교토체제가 강대국들의 탈퇴와 감축의무 국가들의 미온적 태도로 실패한 바 있다. 이는 주권국가 중심의 국제정치질서에서 개별국가를 구속하는 방식으로 기후변화 문제에 대응하는 것이 매우 어려움을 시사한다. 주지하는 바와 같이 교토체제의 붕괴 이후 그 차선책으로 등장한 것이 현재의 파리체제다. 파리체제는 감축량 의무할당이나 불이행의 페널티 없이 개별국가가 자율적으로 자신의 감축목표를 정하고 이를 수행하도록 모니터링하는 방식, 즉 자발적 목표설정 및 이행을 유도하는 일종의 '넛지(nudge)'방식이다.

따라서 파리체제 하에서는 개별국가들의 자발적 감축량이 지구 전체의 기후변화 방지에 충분한지, 불이행시 페널티도 없는 상황에서 개별국가의 적극적인 목표이행이 가능한지 등 여러 가지 불확실성이 존재한다. 물론 이러한 불확실성을 줄이기 위한 새로운 국제정치질서의 구축은 중요하고 지속되어야 한다. 다만 파리체제는 현재 주어진 국제정치질서하에서 개별국가들이 기후변화 방지에 참여하고 대응하는 게임의 룰이다.

따라서 우리나라 역시 파리체제의 제한적 성격에 부합하게 실현 가능한 우리의 감축목표를 자발적으로 설정하고 이를 달성하기 위한 감축노력(mitigation)과 함께 기후변화가 제대로 해결되지 않을 경우에 대비하여 재난피해를 줄이기 위한 적응노력(adaptation)을 병행해야 한다. 그럼에도 그동안 우리나라 감축목표는 지나치게 도전적이고 정치적으로도 이용되는 등 여러모로 논란이 많았고 감축에 비해 적응에 대한 관심도 저조한 실정이다.

제1부의 전반부는 이러한 관점하에서 우리나라의 감축목표 설정의 문제점과 우려를 담은 글이다. 특히 전술한 기후변화 문제의 성격을 충분히 고려하지 않은 채 우리나라의 감축목표를 더 과감하게 설정해야 한다는 주장들이 있고, 실제로 두 차례에 걸쳐 지나치게 도전적인 온실가스 감축목표가 국제사회에 선언된 바 있다.

물론 기후변화의 심각성과 이에 따른 한국의 책임과 역할을 강조하는 견해가 지닌 선의는 충분히 이해할 수 있다. 하지만 누적 기준이든 연 단위 기준이든 세계 온실가스 배출의 1.5% 내외인 대한민국이 도전적인 감축목표를 설정하고 이에 따른 과도한 경제적 부담을 진다고 해서 전술한 파리체제의 불확실성이 해소되지 않는다.

또한 제한된 지면상 상세한 논의는 어렵지만 국가를 기본단위로 하여 소비가 아닌 생산기준의 배출량으로 감축목표를 설정하고, 선진국과 개도국간의 국제분업구조와 개별국가의 배출증가 시점이나 경제발전 수준을 고려하지 않고 2050년이란 동일한 시점의 탄소중립을 강권하는 것은 국가들간의 정의로운 전환에 부합하지 않다. 더구나 교토체제를 탈퇴하고 기후변화에 미온적이었던 미국이 최근 수년사이에 탄소중립의 드라이브를 강하게 걸고 다른 국가에 도전적인 감축목표를 강권하는 것은 기후변화 방지라는 선의도 있지만 중국과의 패권경쟁에서 미국이 우위를 차지하기 위한 정치적 전략도 강하게 작용한다. 만일 트럼프 재집권시기에 교토체제보다 느슨한 파리체제조차 탈퇴한다면 기후변화에 대한 강대국의 이중성을 다시 한번 확인할 수 있을 것이다.

이처럼 감축기준과 탄소중립 시기 등이 강대국에 유리한 상황에서 탄소중립과 온실가스 감축문제를 당위적이고 윤리적 측면으로 이해하거나 추상적인 코스모폴리타니즘으로 접근해서는 곤란하다. 물론 우리나라도 온실가스 감축에 최대한 노력해야 하고 탄소중립도 가능한 빠른 시일내에 달성해야 한다. 그렇다고 한국경제의 과도한 부담이나 산업공동화를 유발하는 수준과 속도로 진행하는 것은 지속가능하지 않다. 오히려 단위 제품당 탄소배출이 세계수준급으로 우수한 우리나라 산업의 공동화는 결국 한국보다 더 열위에 있는 제3국의 대체생산을 통해 결과적으로 지구 전체에 더 많은 탄소배출을 유발할 뿐이다.

한편 우리나라의 도전적인 감축목표 설정상에서 더 심각한 문제는 과거 두 차례의 온실가스 감축목표 설정과정에서 납득하기 어려운 이중계산 오류(2020년 중기목표)와 근거없는 허수(2030년 NDC감축목표)가 포함되었다는 점이다. 이는 전술한 기후변화와 파리체제에 대한 이해차이와는 차원이 다른 문제로 우리나라 감축논의의 수준을 그대로 보여주는 것이다. 더구나 이들 오류와 허수가 특정 전원(원전과 재생가능에너지)에 대한 정치적 편향, 즉 과감한 감축목표를 설정하면 무탄소의 원전 혹은 재생가능에너지 확대에 유리할 것이라는 진영 편향과 무관하지 않다.

한번 선언한 감축목표는 후퇴가 불가능하고 이미 엎질러진 물이기 때문에 지나간 오류와 허수의 책임소재를 따지는 것은 무의미하다. 하지만 파리체제의 규칙상 5년마다 온실가스 감축목표를 제출하기 때문에 앞으로 이런 잘못을 반복하지 않기 위한 반성과 성찰은 필요하다. 특히 과거 감축목표 설정과정에 녹색위나 그 후신인 탄중위가 관여되어 있다는 점에서 이들 위원회를 포함한 논의 거버넌스의 과감한 개혁이 필요하다.

한편 중반부의 글은 탄소중립 과정에서 우리가 간과해서는 안 될 에너지안보 및 수급안정성 문제에 관한 것이다. 탄소중립이 지구적 과제이자 한국경제의 당위적 과제라고 해서 온실가스 감축을 위해 무조건 화석연료를 배척하거나 소홀히 해서는 곤란하다. 이 역시 우리 논의수준을 보여주는 부끄러운 사례로서 전력부문의 경우 2020년 중기감축목표와 관련된 당시 원전 확대나 2030년 NDC 감축목표와 관련된 재생가능에너지 확대는 우리나라 현실여건상 실현 불가능한 목표였고 설령 진행이 되었더라도 우리 전력망

여건상 정전 유발 등 계통운영이 불가능한 안이었다는 점만 지적해
두고자 한다.

주지하는 바와 같이 우리나라는 대부분 에너지를 수입하고 전력
의 경우는 고립전력망이기 때문에 다른 나라로부터 전력을 수입할
수도 없다. 미중간의 대립으로 에너지시장도 양분되는 상황에서
에너지자원이 부족한 우리나라에서 에너지안보와 수급안정성은
매우 중요하다. 탄소중립이란 미명하에 에너지 수급위기나 정전을
묵묵히 견디는 국민은 전 세계 어느 나라에도 없기 때문이다.

마지막 후반부는 서류상 수치나 정치 구호가 아니라 실제 한국
경제의 탄소중립과 온실가스 감축을 위해 필요한 전력산업의 3가
지 개혁과제를 다룬 글이다. 특히 우리나라 전력산업은 다른 OECD
국가에서는 찾아 볼 수 없을 만큼 낙후된 산업구조와 시장체제를
지니고 있다. 이 문제를 해결하지 않고는 전력부문은 물론 한국경
제의 탄소중립은 매우 부진하고 애로에 직면할 가능성이 높다. 한
국경제의 탄소중립은 서류상의 도전적 감축수치나 추상적인 정치
구호로 달성되는 것이 아니라 전력체제의 개혁이 전제되어야 가능
하다는 점을 냉철하게 인식할 필요가 있다.

탄소중립의 '브뤼메르 18일'

'세계사에서 중요한 사건과 인물들은 반복된다. 한 번은 비극으로 또 한번은 희극으로.' 프랑스혁명을 분석한 마르크스의 저서, 『루이 보나파르트의 브뤼메르 18일』의 첫 페이지에 나오는 내용이다. 나폴레옹의 조카인 루이 보나파르트가 숙부인 나폴레옹이 1799년 '브뤼메르(안개가 짙은 달로서 10월~11월에 걸쳐 있다) 18일'에 일으킨 쿠데타와 유사하게 독재권력을 구축한 반복 사건을 꼬집어 표현한 것이다.

프랑스에 한정하지 않더라도 세계 각국 아니 우리의 현대정치사에도 유사한 사건이 반복되는 경우가 적지 않다. 초기에 혁신적 가치와 역사적 책임을 앞세우지만 결국에는 가치의 퇴색과 책임의 부재 속에서 과거의 실정을 답습하는 결과들 말이다. 시야를 좁혀 보면 정치의 하위 단위인 정부계획에도 이런 반복성이 발견되는 경우가 있는데, 우리나라 온실가스 감축계획이 그에 해당하는 사례가 아닌가 한다.

우리나라 감축계획은 크게 두 가지, 저탄소 녹색성장으로 발표된 '2020년 중기감축계획'과 NDC 제출과 관련하여 발표된 '2030년

NDC 감축계획'이 있다. 이미 수립과정에서 중복계산 오류를 범한 중기감축계획의 부끄러운 결과를 여기서 다시 언급할 필요는 없을 듯하다. 2030년 NDC 감축목표 역시 논란이 있었지만 여러가지 이유로 도전적인 목표가 설정되었다. 그 연장선상에서 최근 탄소중립과 이와 연계된 NDC 상향문제가 논의 중이다. 불확실하지만 일부 들리는 내용을 보면 다소 걱정되는 측면이 있다.

첫째, 지난 중기감축 계획은 에너지문제에서 단기에 속하는 십년 정도의 감축목표를 너무 과감하게 설정했다. 오랜기간 감소추세였던 OECD국가와 달리 우리나라는 최근까지 온실가스 배출이 급증 추세였다. 이런 상황에서는 단기적으로는 증가세 둔화와 감소추세로의 안정적 전환에 주력하고 이후에 감축의 가속 페달을 밟는 것이 경제적 부담과 사회적 충격을 줄이는 길이다.

둘째, 우리나라는 제조업 비중이 높고 에너지다소비업 역시 설비효율이 수준급이기 때문에 십년 정도의 단기간내의 감축 여력은 제한적이다. 최근 코로나19로 인한 가동률 저하로 감소추세를 보이고 있으나 배출량 감축을 위해 코로나19가 지속되기를 바랄 수는 없는 노릇이다. 중후장대형 설비산업의 구조나 공정 전환은 십년이상의 긴 시간이 걸리는 과제다.

셋째, 산업부문보다는 덜 하지만 발전부문의 제약 역시 무시하기 어렵다. 전력요금의 사회적 수용성은 별도로 하더라도 안정적인 전력수급과 신뢰도 기준의 계통운영상 석탄발전의 급격한 축소와 퇴출이 그리 쉬운 일이 아니다. 또 이에 따른 비용보상과 일자리 전환문제도 있다.

세계 각국에 탄소중립을 강권한 IEA의 보고서(Net Zero by 2050)

도 탄소중립 경로는 'one - size - fit - all'이 아니라 각국의 상황을 고려할 것을 언급한 바 있다. 또한 탄소중립 달성에 중요한 상당수의 신기술도 2030년 이후에 구현될 것으로 보고 있다. OECD국가이면서 특이한 '우리의 제약조건' 그리고 '2030년 이후의 새로운 기술'은 우리나라 감축계획의 단계 구분과 속도 설정에 시사하는 바가 많다.

혹시 이러한 현실의 고려를 탄소중립에 대한 반대와 저항으로 오해하지 않았으면 한다. 장기적으로 우리도 탄소중립을 지향해야 한다는 점을 부정하는 사람들은 아무도 없다. 문제는 어떻게 과거 계획의 문제점을 반복하지 않고, 현실 제약조건 속에서 우리의 부담을 최소화하면서 구현할 것인가라는 점이다. 또한 높은 감축목표와 당위적 경로를 주장하면 지구환경과 국제사회에 책임을 다하는 것이고, 그렇지 않으면 무책임한 자세라고 생각하지 말았으면 한다. 온실가스 감축이란 이름 하에 진행되는 미중간의 치열한 패권싸움과 탄소국경조정이란 선진국의 사다리 걷어차기를 추상적인 코스모폴리탄니즘으로만 접근하는 것은 적절치 않다.

탄소중립과 NDC 상향안은 아직 논의중이고 구체안은 '안개의 달'에 해당하는 10~11월 사이에 공개될 것으로 보인다. 과거 중기계획이 저탄소 녹색성장의 우스꽝스러운 해프닝이었다면, 탄소중립 특히 2030년 NDC 무리한 상향은 국제협약에 따른 공약이라는 점에서 자칫 한국경제를 짙은 안개속으로 몰고가거나 아니면 국제적 식언으로 귀결될 수 있다. 이전에는 '희극'이었지만 이번에는 '비극'으로 반복되지 않기를 바랄 뿐이다.

— 〈전기신문〉, 2021.7.29.

온실가스 감축목표와
하버마스의 '두 가지 합리성'

한때 이성과 과학이 종교와 신학의 시녀에 불과했던 시대가 있었다. 그 중세 철학을 붕괴시키고 종교적 신념이 아닌 인간의 이성으로 세상 문제에 접근한 것이 바로 계몽주의 시대이자 근대의 출발이었다. 하지만 20세기 두 차례의 세계대전, 정치적 억압과 파시즘, 경제적 빈부격차, 그리고 물질만능주의와 인간 소외 등으로 인간 이성에 대한 회의가 발생하고 급기야 '이성의 해체'와 같이 반이성주의가 거세게 몰아쳤다.

그 거친 파도 속에서 합리성 개념의 재정립으로 이성을 위기에서 구출한 사람이 바로 세계적 석학이자 철학자인 하버마스(J. Habermas)다. 그 과정에서 새롭게 정립한 두 가지 개념이 바로 '도구적 합리성'과 '의사소통의 합리성'이다. 전자가 주관적 신념이나 막연한 희망이 아닌 과학적 분석과 합리적 근거로 문제해결에 접근하는 것이라면, 후자는 대화와 소통으로 차이와 갈등을 해소하면서 문제해결에 접근하는 것으로 하버마스 철학의 핵심에 해당한다. 즉 전자의 합리성을 갖추더라도 분석과 근거가 달라 이견과 대립이 발생할 수 있지만, 인간에겐 대화와 소통으로 합의점을 찾아갈 수 있는 이성적 능력이 있다는 것이다. 진보를 표방하는 진영에서 강조하는 '참여'와 '공론화' 그리고 '숙의민주주의'가 바로 '의사소통의 합리성'과 맞닿아 있다.

최근 진보 진영이 주도하고 공론화까지 거친 온실가스 감축목표 40% 상향안을 놓고 우려의 소리가 높다. 과연 이번 상향안은 자신이 금과옥조로 여기는 '두 가지 합리성'을 어떻게 다루었을까? 우선, 송구한 얘기지만 오랜 기간 에너지계획과 정책에 직간접으로 관여해 온 필자의 경험상 50년 탄소중립은 물론 30년 감축목표 상향이 '과학적 분석과 합리적 근거'를 통해 마련된 것 같지는 않다. 30년 감축방안에 등장하는 신기술이 언제 생산현장에 적용 가능한지, 탈원전과 석탄화력의 급감속에서 이를 대신할 재생에너지 30%가 2030년까지 가능한지, 그 비중하에서 계통신뢰도 유지와 계통운영 그리고 비상시 수급안정이 가능한지, 이에 따른 백업설비와 저장설비 비용 그리고 전력망의 재구축 비용은 얼마나 들고 물리적으로 가능한지, 무엇보다 전력요금의 정치적 통제와 과감한 감축 상향이란 자기모순을 어떻게 할 것인지에 대한 분석과 설명이 보이지 않는다.

의사소통은 어떤가? 의견 수렴 이전에 사실상 정해진 목표수치에 코로나 상황에 급조된 공론화를 숙의민주주의나 '진정한 의사소통'으로 보기는 어렵다. 더구나 감축목표의 비현실성을 언급하면 '가야만 하는 길에 대한 거부', '감축 거부를 위한 핑계 찾기', '국제적 책무의 망각'이라고 매도하는 것이 과연 진정한 의사소통일까? 그것도 감축목표 상향에 필요한 과학적 분석과 합리적 근거를 제대로 제시하지 않으면서 말이다.

오해 방지를 위해 다시 한번 분명히 해두자. 다수의 전문가와 여론은 '어렵지만 가야 하는 길'에 반대하는 것이 아니라 '아예 가기에 어려운 길'에 반대하는 것이다. '감축 거부의 핑계 찾기'가 아니라 '건설적 비판을 핑계 찾기로 치부하는 소통 거부'를 비판하는 것이다. '국제적 의무의 책임 회피'가 아니라 '비현실적 목표로 국민부담과 국가신뢰를 저버리는 무책임'을 지적하는 것이다.

한국의 에너지정치가 진영논리에 치우쳐 원전 올인과 탈원전이란 좌우의 극단을 오간 것이 어제오늘의 일이 아니지만, 최근의 감축방안은 좌우방향이 아니라 합리적 이성의 시대 이전으로 되돌아간 듯하다. '탄소중립을 위해 30년 감축목표를 믿고 따르라'는 정책철학과 '알기 위해서 믿고 따르라'는 중세 교부철학 간의 거리는 그리 멀지 않은 듯하다. 설령 그 정책 철학이 지구생태계와 미래세대를 위한 선한 의도에서 비롯되었다 하더라도 국가의 정책철학이 주관적 신념과 막연한 희망의 시녀가 되어서는 곤란한 것이 아닐까? 더구나 우리는 시장과 경제현실을 무시한 채 선한 의도로 포장된 정책의 부작용을 여러 차례 피부로 경험한 바 있다. 아마 2030년 감축목표 상향 역시 여러 가지 부작용으로 두고두고 우리를 괴롭힐 것이다.

— 〈전기신문〉, 2021.10.29.

온실가스 감축목표 상향과
정치적 진영논리

　최근 발표된 2050년 탄소중립 시나리오의 연장선상에서 2030년 우리나라의 '자발적 온실가스 감축목표'(이하 NDC) 상향이 논란거리다. 오랜 기간 에너지 정책과 관련 분야에 몸담아온 사람으로서 탄소중립 시나리오는 이해하기 어려운 점이 한 두가지가 아니다.

　첫째, 국민경제 측면에서 유럽 등 많은 선진국은 1990년부터 배출량이 미미하게 증가하거나 줄어드는 내리막길이어서 약간의 가속 페달만 밟으면 감축에 따른 부담이 상대적으로 적다. 반면 한국은 1990년부터 최근까지 거의 2.5배로 급증하는 추세였기 때문에 짧은 기간의 무리한 감축은 국민경제에 큰 부담으로 작용한다. 전속력으로 달리는 자동차를 유턴하기에 앞서 속도를 줄이듯이 30년 감축목표는 보수적으로 하고 최근 코로나로 인한 일시적 감소를 감속의 계기로 활용하면서 당분간은 감축에 필요한 기술개발과 제도정비에 주력해야 한다.

　둘째, 한국 경제는 경제협력개발기구(OECD) 가입국 중에서 특이하게 국민 경제에서 제조업이 차지하는 비중이 개도국인 중국과 비슷한 수준으로 매우 높다. 제조업 중에서도 제철, 화학, 정유, 반도체 등 에너지 다소비 산업이 국민경제의 기본축을 담당하고 있다. 이들 산업은 또 다른 주력산업인 전자, 자동차, 조선 등과 연관되어 있다. 이들 산업의 설비 효율성은 세계 최고 수준이고 획기적인 감축에 필요한 공정전환의 신기술은 2030년 이후에나 가능하기 때문에 당장 수년 내에 대폭 절감할 수 있는 방안이 없다.

셋째, 단일산업으로 배출량이 가장 많은 전력산업은 이미 과거에 제출한 NDC 달성을 위해 석탄설비의 40%에 달하는 물량 조기 폐쇄와 가동제약 그리고 가스발전으로의 전환이란 큰 부담을 떠안은 바 있다. 현재 논의되는 NDC 목표가 35% 이상으로 상향되고 2030년까지 설계수명이 완료되는 기존 원전을 계속 운전하지 않는다면 다시 석탄발전을 추가로 폐쇄하거나 가스발전으로 대체하는 방법밖에 없다. 이에 따른 보상비용과 전기요금 부담은 차치하고, 석탄설비의 무리한 폐쇄나 가동중지는 자칫 지역별 계통불안정과 수급위기를 유발할 수 있다.

국민경제, 제조업 그리고 전력산업의 측면에서 볼 때 2030년 NDC는 최대한 보수적으로 상향하고 2030~2050년 사이에 감축추세를 가속화하는 것이 한국경제에 부담과 충격을 줄이면서 안정적인 탄소중립을 도모할 수 있는 길이다. 탄소중립의 바이블로 불리는 국제에너지기구(IEA) 보고서인 Net Zero by 2050조차 감축경로는 각국의 상황을 고려해야 한다고 언급한 바 있다.

그럼에도 보수 혹은 진보 정부 가릴 것 없이 감축목표에 자꾸 무리수가 나오는 이유중 하나는 5년 임기의 정부가 한국경제의 운명을 좌우할 에너지정책을 정치적 진영논리로 접근하기 때문이다. 필자가 지난 20여년간 에너지계획과 정책을 지켜보면서 깨달은 교훈이 하나 있다. 에너지계획의 수립과정이 '과잉 정치화'될수록 그 내용은 '과소 전문화'되고, 특정 전원(원전이든 재생에너지든)에 대한 '정치적 확신'이 강할수록 '해당계획의 불확실성'은 커진다는 점이다. 우리나라 정치권의 진영 논리가 어제 오늘의 일이 아니고 에너지문제 역시 '원전 올인'과 '탈원전'의 냉온탕을 오가면서 소모적인 정치공방을 벌였으면, 이제는 차분히 머리를 맞대고 30년 NDC 문제와 실사구시의 탄소중립 방안을 마련해야 할 시점이다. 정치구호는 고작 5년이면 끝나지만 한국경제는 안정적인 탄소중립으로 50년까지 순항해야 하기 때문이다.

— 〈동아일보〉, 2021.9.23.

탄소중립과 에너지체제의
'복원력'

    1.5도의 기후목표 강화를 약속한 '글래스고 기후합의'와 그 합의서의 잉크가 마르기도 전에 발발한 '우크라이나 전쟁' 그리고 최근 화석연료의 퇴출 여부를 둘러싼 'COP28 논란'은 탄소중립의 이행과정상 여러가지 불확실성을 시사하고 있다.

    우선 탄소중립의 선두주자였던 유럽은 화석연료 위기에 직면하여 일부 국가들이 석탄발전을 확대한 바 있고, 화석연료 보조금 축소를 약속하고도 일년만에 세계 각국은 이를 2배 이상 증가시켰다. 이들이 위기 타개를 위한 긴급조치이긴 하나 세계 각국은 당분간 탄소중립보다 화석연료의 안정적 소비와 확보를 중시하는 분위기다.

    실제로 세계 에너지시장에서 미국·유럽과 러시아·중국간의 진영대립이 심화되고 천연가스와 석유 등의 수출대국인 러시아가 한쪽의 시장에서 배제되면서 화석연료의 수급 불확실성이 증폭되고 있다. 석유의 경우 미국과 갈등이 심화되고 있는 사우디와 러시아 중심의 OPEC 플러스로 인해 물량 및 가격변동성이 커질 가능성이 있다. 가장 큰 변화는 천연가스로서 러시아 PNG로부터 탈피를 선언한 유럽이 LNG 시장의 수요자로 등장하여 우리나라와 일본 중심의 LNG시장의 불확실성이 증대되고 있다.

이러한 화석연료의 불확실성과 위기극복을 위해서라도 재생가능에너지를 더 확대하고 내연기관 자동차를 전기차로 빠르게 전환해야 한다는 주장이 있다. 장기적으로 일리가 있는 얘기지만 재생에너지 부존여건이나 자동차 산업 및 인프라 여건 등 각국마다 사정이 다르다는 점을 고려할 필요가 있다. 설령 이러한 방향이 가속화되더라도 재생가능에너지와 전기차 확대에 따른 광물(리튬, 니켈, 망간, 코발트 등)의 수급 불확실성은 또 다른 문제다. 실제로 이들 광물의 가장 큰 수요처가 바로 전기차와 재생가능에너지에 필수적인 2차전지다. 따라서 재생가능에너지와 전기차 확대가 화석연료의 불확실성을 다소 완화시킬 수는 있으나 광물안보라는 새로운 불확실성을 유발할 가능성이 높다. 화석연료 수출대국인 러시아 의존도 축소로 인해 화석연료 수급 불확실성이 증대되고, 이를 줄이기 위한 재생에너지 확대와 전기차는 광물수급 불확실성을 유발하는 상황이다.

필자의 전공인 '생태경제학(Ecological Economics)' 분야에서 자연생태계의 안정적 전환을 설명하는 '패나키(panarchy)이론'이 있다. 용어는 좀 생소하나 내용은 간단한데 자연생태계가 기온이나 습도 변화, 외래종의 출현 등으로 예측불허의 위기상황에 처할 경우 무질서한 붕괴상태에 빠지지 않고 새로운 질서를 찾아가려면 생태계의 생물다양성이 필수적이라는 것이다. 기존 질서에서 새로운 질서로의 안정적인 전환 능력을 뜻하는 '복원력(resilience)'이 바로 여기에서 비롯되었고 그 핵심은 바로 '다양성'이다.

    탄소중립으로의 전환과정 역시 마찬가지다. 탄소중립을 위해 재생가능에너지와 전기차에만 집중한 채 화석연료와 광물을 배제하고 이에 따른 불확실성을 고려하지 않으면 탄소중립이라는 새로운 질서로의 전환 역시 불안정하고 암초에 부딪힐 가능성이 높다. 더구나 미중간의 대립이 지속되는 상황에서 에너지와 광물의 부존 여건이 매우 취약한 우리나라로서는 탄소중립을 위해 화석연료 퇴출이나 재생가능에너지 확대만 외칠 것이 아니라 화석연료 및 광물 안보를 한층 더 중시하는 자세가 필요하다. 탄소중립이 매우 중요한 목표이기는 하나 이에 도달하기 위한 이행과정에서 화석연료와 광물 등의 다양성은 여전히 중요하고 그것이 뒷받침될 때 탄소중립의 전환과정에서 발생하는 돌발상황에 효과적으로 대처하는 '복원력'을 유지할 수 있기 때문이다.

— 〈에너지데일리〉, 2023.12.15.

탄소중립과 에너지안보
- 긴장과 조화 -

2021년 11월 유엔기후협약 제26차 총회에서 탄소중립 구현을 위한 1.5도의 기후목표 강화, 석탄발전의 점진적 축소, 화석연료 소비와 보조금 축소를 골자로 하는 '글래스고 기후합의(Glasgow Climate Pact)'가 채택되었다. 하지만 불과 3개월 후 합의서의 잉크가 마르기도 전에 '우크라이나 전쟁'이 발발하였다. 소비량의 절반에 해당하는 천연가스와 석탄 그리고 상당량의 석유를 러시아에 의존하던 유럽은 초유의 대혼란을 겪었고 모두가 목도한 바와 같이 그 위기는 전 세계로 파급되었다.

물량 부족과 가격 폭등이란 에너지안보 위기에 직면하여 세계 각국은 축소하던 석탄발전을 확대하고 가격부담을 경감하기 위한 보조금을 대폭 확대하였다. 탈석탄의 선두주자인 독일이 석탄발전량을 늘리고, 2022년 세계 화석연료 보조금은 일 년만에 2배 이상 증가하여 역사상 처음 1조 달러를 돌파하였다.

이는 위기 타개를 위한 일시적 조치이긴 하나 글래스고 기후합의에 정면으로 어긋나는 것이다. 문제는 전쟁이나 수급위기가 진정되더라도 이번 기후합의가 순항하기만은 어렵다는 점이다. 우선, 초유의 위기를 경험한 유럽은 전쟁 종료 여부와 무관하게 2027년까지 러시아의 천연가스와 절교하는 'REPowerEU'를 선언했다. 더 중요한 저변의 변화는 공급망 재편이란 미·중간 패권다툼에서 미국에 다소 미온적이었던 유럽이 이번 위기를 계기로 에너지문제에서 미국 쪽으로 기울었다는 것이다. 이로 인해 에너지시장에서 미국·유럽과 중국·러시아간 진영대립이 심화되고 천연가스 등 화석연료 수출대국 러시아가 한쪽의 시장에서 배제되면 화석연료의 물량이나 가격의 변동성이 이전보다 심해질 가능성이 높다.

이러한 변동성 증가로 세계 각국은 당분간 화석연료 축소보다는 에너지안보를 위한 화석연료의 안정적 확보와 개발에 치중하는 움직임을 보이고 일부 국가에서는 그 동안 화석연료의 투자와 확보에 너무 소홀했다는 자성의 소리까지 나오는 실정이다. 이런 측면에서 이번 기후합의와 우크라이나 전쟁은 향후 '에너지시장 질서 변화의 예고편'이자 '탄소중립과 에너지안보간 긴장관계라는 복선'을 시사하고 있다.

물론 중장기적으로 불확실성이 증가한 화석연료를 재생가능에너지 등 청정에너지로 전환하면 탄소중립과 에너지안보가 '긴장관계'가 아닌 '상생관계'로 전환할 수 있다. 하지만 이 경우에도 에너지안보는 광물안보라는 변형된 형태로 탄소중립과 긴장관계를 지속할 가능성이 있다. 이하에서 탄소중립과 에너지안보라는 두 개의 키워드를 통해 이를 가늠해 보기로 하자.

▌ 에너지시장의 질서변화와 에너지안보

〈그림 1〉은 국제에너지기구의 'World Energy Outlook 2022'(이하 IEA 2022)이 현재 각국의 감축정책이 그대로 유지된다는 시나리오 (STEPS)하에 전 세계 화석연료 추이를 전망한 것이다. 이에 따르면 석탄은 2020년대 중반, 석유는 2030년대 중반에 정점에 도달하고 천연가스의 경우 증가율은 상당히 둔화되나 2050년까지 지속적으로 증가한다. 따라서 세계 에너지공급에서 화석연료가 차지하는 비중은 점차 줄어들지만 향후 십년에 해당하는 2030년대 중반까지는 석유, 천연가스 등 화석연료가 70% 내외로 여전히 주도적인 위치를 차지한 다. 탄소중립에 필요한 강화된 감축정책을 전제로 하는 시나리오 (NZE)의 경우 2050년도 전망은 상당히 달라지지만 2030년대 중반까 지 상황에서는 아주 큰 차이가 없다. 이는 향후 십여 년간 석유와 천연가스 등 화석연료의 에너지안보 문제가 중요함을 시사한다.

〈그림 1〉 세계 화석연료의 수요전망(STEPS 시나리오)

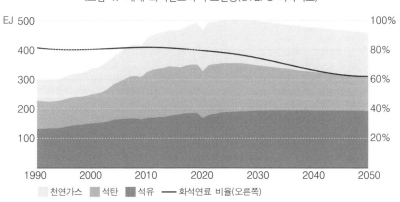

자료: IEA, World Energy Outlook 2022

우선, 석유의 경우 오랜 기간 미국이 사우디아라비아 중심의 석유수출기구(이하 OPEC)와 밀월관계를 유지하면서 석유시장 질서를 주도하였다. 하지만 미국의 셰일석유 개발확대, 미국과 사우디아라비아간 외교관계 악화, 우크라이나 전쟁으로 인한 러시아 석유의 제재조치 등으로 석유시장 질서도 급변하고 있다. 미국의 셰일석유는 유가하락을 통해 석유가격이 재정수입을 좌우하는 OPEC과 대립하는 상황을 연출한 바도 있다. 여기에 미국과 사우디아라비아 간의 외교관계가 악화되고 러시아 등의 가세로 출범한 OPEC+의 입지도 강화되면서 미국과 대립관계가 지속되고 있다.

에너지안보에 중요한 가격의 경우 OPEC 국가들의 재정수입 확보에 필요한 유가수준이 배럴당 80달러 내외임을 감안하면 향후 유가는 이 수준 이상에서 유지될 가능성이 높다. 개발비용이 배럴당 40달러 내외의 미국 셰일석유 증산이 변수로 작용할 수 있지만 최근 탄소중립과 팬데믹으로 개발이 다소 부진한 상황이다. 같은 이유로 OPEC 국가의 신규개발 역시 저조하여 화석연료 감축에 차질이 발생하거나 세계경기상승이 있을 경우 유가는 상승방향으로 증폭될 수 있다.

불확실성이 더 커진 것은 최근 위기의 시발점이자 시장질서상 큰 변화가 예상되는 천연가스다. 유럽이 파이프라인을 통해 러시아에서 수입하던 천연가스(Pipeline Natural Gas,이하 PNG)를 러시아 이외의 지역에서 선박으로 수입하는 천연가스(Liquefied Natural Gas, 이하 LNG)로 전량 대체하기 때문이다. 수송여건의 차이로 인해 PNG와 분리되어 있던 LNG시장에 유럽이 대규모 수요자로 등장하여 전통적인 LNG 수입지역인 아시아와 도입경쟁을 벌일 경우 가격

등 거래조건상 판매자에게 유리한 시장이 될 가능성이 높다(이른바 seller's market).

이는 아시아지역에서 후술하는 바와 같이 러시아의 천연가스라는 선택지가 있는 중국·인도를 제외한 한국·일본 등에 더 불리하게 작용한다. 물론 2020년대 중반 이후에 전통 천연가스나 셰일가스의 신규 개발이 예정되어 물량상 다소 숨통을 틀 가능성은 있으나 대규모 수요자인 유럽이 LNG시장에 등장한 것 자체가 변동성과 불확실성을 증폭시킬 가능성이 높다.

반면 러시아는 유럽으로 향하던 대량의 천연가스를 중국이나 인도로 수출선을 돌리는 방식으로 대응할 가능성이 높다. 이로 인해 중국이나 인도는 같은 아시아지역의 LNG 수입국이면서 석유는 물론 천연가스에서 러시아의 수출물량 처리로 인해 한국이나 일본보다 상대적으로 안정적인 가격 및 물량 혜택을 누릴 것으로 전망된다.

▌재생가능에너지 확대와 에너지안보의 차원 변화

물론 불확실성이 증가된 석유나 천연가스를 줄이고 지역적으로 고른 분포의 태양광, 풍력, 수력, 바이오매스의 재생가능에너지를 대폭 확대하면 탄소중립과 에너지안보를 함께 달성하는 일석이조를 누릴 수 있다. 하지만 그 상황에 도달하기까지 많은 시간이 걸릴 것으로 예상되며, 그런 상황이 되더라도 에너지안보는 다른 차원으로 전이되어 탄소중립과 또 다른 긴장관계를 형성할 가능성이

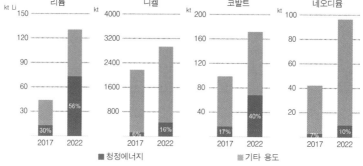

〈그림 2〉 핵심광물 수요증가와 청정에너지 관련 비중

자료: IEA, Critical Minerals Market Review 2023

높다. 재생가능에너지 등 청정에너지 확대와 활용에는 이와 관련된 광물확보가 필수적이기 때문이다.

우선, 대부분 전력 형태의 재생가능에너지는 자연조건에 의한 간헐성과 변동성으로 발전과 소비 시점 간에 괴리가 발생하고 전 세계적으로 재생에너지의 송전선로 건설상 애로가 증가하는 상황이어서 재생가능에너지의 확대에 따른 2차전지 등의 저장설비가 필수적이다. 발전부문만이 아니라 가전이나 산업부문에서도 4차 산업혁명의 모바일 기술확대로 휴대폰은 물론 가전제품이나 로봇, 드론, 공구 등에도 2차전지가 필수적이다. 무엇보다 가장 큰 혁명적 변화는 수송부문 탄소중립의 핵심수단, 즉 재생가능에너지의 전기 충전으로 움직이는 전기차의 부상이다. 전기차는 다른 부문과 비교되지 않을 만큼 대량의 2차전지가 필요하고, 이로 인해 2차전지가 메모리 반도체 시장규모를 능가하고 자동차 산업구조의 대변혁을 유발할 것이란 전망까지 나오고 있다.

〈그림 2〉는 2차전지 보급확대와 관련하여 지난 5년간 광물수요

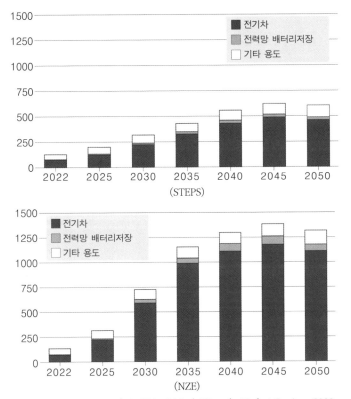

<그림 3> 시나리오별 리튬수요 및 요인전망

(STEPS)

(NZE)

자료: IEA, Critical Minerals Market Review 2023

에서 청정에너지와 관련된 요인의 비중변화를 나타낸 것이다. 2차 전지의 핵심광물인 리튬, 니켈, 코발트 모두 수요 증가추세하에서 청정에너지에 의한 수요비중이 급증하고 있음을 알 수 있다. 이러한 추세는 향후 전기차, 전력저장장치, 모바일 기기 등의 보급 속도에 따라 달라지겠지만 증가 추세 자체는 지속될 가능성이 높다. 〈그림 3〉은 전술한 IEA(2022)의 에너지전망 시나리오중 현재 정책 유지 시나리오(STEPS)와 탄소중립을 위한 강화된 정책 시나리오

(NZE)별로 2차전지의 핵심광물이자 '하얀 석유'라 불리는 리튬의 수요증가량을 전망한 것이다. 어느 시나리오에 따르든 전기차와 전력저장이 리튬수요를 견인할 것으로 전망하고 있다.

이러한 추세와 전망은 수송부문의 전기차, 발전부문의 재생가능에너지 확대로 탄소중립을 가속화할 경우 이에 필요한 광물의 안정적인 가격 및 물량확보가 중요함을 의미한다. 더구나 리튬, 코발트 등 핵심 광물이 지역적으로 편재되어 있고 현재 진행중인 '미국·유럽과 중국·러시아'간의 대립구도가 강화될 경우 광물 확보의 불확실성 역시 증가한다. 일례로 미국의 인플레이션감축법(Inflation Reduction Act, 이하 IRA)에서 중국의 2차전지 소재를 사용한 전기차에 대한 보조금을 제한한 조치라든지 미국이 주도하여 중국이나 러시아를 배제하고 유럽과 아시아의 우호적인 국가들(한국 참여)로 구성한 '핵심광물안보파트너쉽'(Minerals Security Partnership)은 그 단적인 사례다.

이상에서와 같이 화석연료 시장질서의 변화에 따라 당분간 탄소중립와 에너지안보간의 긴장관계는 고조될 가능성이 높다. 중장기적으로 화석연료 축소와 재생가능에너지 확대가 진행될 경우 탄소중립이 화석연료 안보와 긴장관계는 완화될 수 있으나 전이된 차원의 광물안보와는 긴장관계가 지속될 가능성이 높다.

▌ 에너지시장의 질서 변화가 우리에게 주는 시사점

세계경제의 진영대립이 강화되는 분위기 속에서 탄소중립에서 에너지 혹은 광물안보는 매우 중요하다. 현재의 대립구조가 중장기적으로 고착화될지 완화될지 가늠하기 어렵지만 어느 경우가 되든 당분간 우리나라는 중국·러시아와 적대적 관계가 되지 않게 관리하면서 미국·유럽과 협력하여 탄소중립과 에너지 혹은 광물안보간의 긴장관계를 최소화시킬 필요가 있다.

우선, 화석연료의 경우 유럽과 경합하게 될 LNG시장에서 적정한 가격의 안정적인 물량 확보가 매우 중요하다. 우리나라가 유럽에 비해 천연가스 수입선이 다변화되어 있기는 하나 현재 소수의 도입업체를 다양화시켜서 수급확보의 불확실성에 대비할 필요가 있다. 이와 함께 현재 정부계획상 무탄소의 재생가능에너지나 원전의 확대에 불확실성이 있고 이로 인해 전력수급상 공백이 발생할 가능성이 있기 때문에 공백에 대비하는 차원에서도 안정적인 천연가스 확보가 필요하다. 이 경우 천연가스 발전에 따른 탄소배출은 증가하겠지만 이는 에너지안보를 위한 불가피한 비용으로 생각해야 한다.

한편, 광물에서 리튬은 해외자원 확보에 주력하고 이미 확보된 리튬은 해당국가와 우호적인 관계를 유지하여 자원의 무기화로 나가지 않도록 관리해야 한다. 같은 2차전지로서 우리나라의 삼원계(니켈, 코발트, 망간)가 중국의 인산철(인산염과 철)에 비해 기술수준, 에너지 밀도, 사용후 재활용 측면에서 장점이 있으나, 이에 필요한 핵심 광물(니켈, 망간, 코발트)의 안정적 확보에는 약점이 있다. 현재 미국 IRA의 경우 아직 불확실성은 있으나 규제대상을 중국이라는 '국가'가 아니라 일부 업체(중국 기업인 CATL 등)를 겨냥한 '우려대상기관(foreign entity of concern)'으로 지칭하고 있기 때문에 관련 소재분야에 강점이 있고 미국 시장진출에 제한이 있는 중국의 소재관련 기업과 국내합작을 통해 IRA 규제요건을 충족하면서 안정적인 소재확보를 도모할 필요가 있다. 물론 국제관계의 불확실성은 감안하면 중국 소재에 대한 의존도를 가능한 낮추는 노력을 지속해야 하고 그럼에도 불가피하게 발생하는 광물수급의 변동성은 '광물-양·음극재-셀-리사이클링 등의 수직계열화를 통해 완충흡수할 필요가 있다.

이상에서처럼 세계경제의 진영대립이 지속되는 상황에서 에너지와 광물의 부존여건이 매우 취약한 우리나라로서는 탄소중립을 지향하면서도 이와 모순되는 듯한 화석연료 안보와 광물 안보를 중시하는 양가적 관점을 취할 필요가 있다. 탄소중립이 매우 중요한 목표이기는 하나 에너지안보가 담보되지 않는 탄소중립은 사회적 수용성과 정책상 추진력을 확보할 수 없기 때문이다.

— 〈2024 한국경제 대전망(21세기북스)〉, 2023.10.

탄소중립과
'집중무권(執中無權)'의 교훈

우리나라는 물론 전 세계적으로 '탄소중립'이 화두가 되고 있다. 그런데도 국제사회에 약속한 도전적인 감축목표에 비해 우리의 탄소감축은 기대만큼 속도가 붙지 않고 있다. 이런 상황은 탄소중립에 불리한 우리나라의 에너지부존 여건이나 제조업 중심의 산업구조 등에 기인하지만 에너지계획이나 에너지시장구조 상의 문제도 있다. 탄소중립의 전제이자 선진 OECD 국가에서 보편적인 '계획, 시장, 계통상 중립'이 미흡하기 때문이다.

첫째, 정부 계획이나 정책이 진영 논리에서 벗어나는 '진영 중립' 문제다. 어느 나라든 집권 정부에 따라 에너지계획이나 정책상 차이가 발생하는 것은 당연하다. 하지만 우리의 경우 그 진폭이 주어진 현실 제약을 벗어나는 경우가 많았다. 이는 국가계획의 지속가능성은 물론 정책의 신뢰성을 하락시키고, 각종 정부예산 및 민간투자상 혼선을 유발한다. 이를 방지하기 위해서는 향후 중장기 에너지관련 계획들을 확정적 성격에서 전망적 성격의 3가지 내외의 시나리오로 전환하고, 비현실적인 진영논리에 휘둘리지 않는 정책

수립 거버넌스를 구축할 필요가 있다.

둘째, 에너지시장과 요금의 자의적 정치 개입을 방지하는 '규제 중립' 문제다. 탄소비용은 물론 공급원가도 제대로 반영하지 못하는 가격신호로는 탄소중립 구현이 요원하다. 일반적으로 국민경제의 과열이나 침체를 피하고 안정적인 물가 하에 내실 있는 중장기 경제성장을 구현하기 위해 대부분 국가에서 기준금리, 즉 이자율 결정은 정치적 독립기구에서 하고 있다. 특정 정부가 자신의 단기적 목적으로 경제를 무리하게 과열시키는 폐해를 막고 금리정책의 신뢰성과 지속가능성을 높이기 위해서다. 탄소중립 경제에서 국민경제에서의 기준금리와 유사한 역할을 하는 것이 바로 탄소비용을 포함한 에너지 가격신호이다. 기준금리가 국민경제의 소비와 저축 그리고 투자에 중요한 영향을 미치듯 강건하고 신뢰성 있는 가격신호는 모든 에너지 소비자와 공급자에게 탄소감축에 필요한 대응과 관련 투자를 결정하는 기준이기 때문이다. 탄소중립 경제로의 전환을 위해서는 전기위원회 등 규제기구의 독립성과 전문성을 강화하는 '규제 중립'이 필수적이다.

셋째, 네트워크 산업으로서 전력, 가스, 열 부문의 '망 중립' 문제다. 탄소중립으로 인한 에너지부문의 지각변동으로 세계 각국에서 분산형이면서 영역간 융합과 거래로 탄소감축을 지향하는 VPP나 PPA 등의 혁신적인 신산업과 비즈니스들이 등장하고 있다. 이들 신규사업 및 사업자들이 원활하게 시장에 진입하고 생존하기 위해서는 자연독점에 해당하는 망 부문을 특정 사업자가 아닌 중립적인 주체가 담당해야 한다. 특정 사업과 연루된 망 사업자는 아무리 공정하게 망 운영을 해도 팔이 안으로 굽는다는 오해과 부작용을 피할 수가 없기 때문이다. 이는 에너지 네트워크의 공공성을 강화하는 길이기도 하다.

　이상의 세 가지 중립은 서로 의견이 엇갈리는 입장들을 단순히 봉합하자는 차원의 중립이 아니라 이를 올바르게 수행하기 위한 기준점으로서 중립이라는 데에 유의할 필요가 있다. 중국 고전에 맹자의 제자들이 양쪽으로 나뉘어 극단의 주장을 펴는 상황에서 한 제자가 자기는 무조건 중립이라고 하자 맹자가 이를 '저울질이 없이 중립을 취하는 것은 오히려 또 다른 하나의 입장을 취하는 것과 같다(執中無權, 猶執一也)'고 비판한 적이 있다. 진정한 중립에는 '저울질할 수 있는 무엇'이 있어야 한다는 말이다.

　그런 의미에서 우리의 탄소중립에 필요한 '진영 중립', '규제 중립', '망 중립'은 서로 다른 주장의 산술평균적 중립이 아니라 대립하는 정치적 입장과 다양한 주장들이 탄소중립을 위해 경쟁하고 협력하면서 혁신할 수 있게 한쪽으로 기울지 않도록 판단하는 기준이자 저울추인 셈이다. 이러한 중립적 저울추가 없으면 정치적으로 사회적으로 경제적으로 여러 가지 입장 간의 효과적인 조율과 생산적인 합의가 어려운 '집중무권(執中無權)'이 될 뿐이다. 이제는 탄소중립의 수치논쟁이란 변죽만 울리기보다 '집중유권(執中有權)'을 위한 '세 가지 저울추'를 마련할 시점이다.

ー〈전기신문〉, 2023.11.17.

'탄소중립'에 선행해야 할
'세가지 중립과제'

　지난 1년 남짓을 되돌아볼 때 언론에 자주 오르내렸던 에너지 이슈는 크게 3가지다. 첫째, 가장 뜨거운 쟁점으로 정부가 바뀔 때마다 탈원전 혹은 원전 확대로 급변침하는 정부의 전력계획이다. 올 하반기에 마무리될 차기 전력계획이 원전과 재생가능에너지 간의 균형을 지향하고 있으나 두 전원의 보급 수치를 둘러싼 이견과 갈등은 여전히 진행 중이다.

　둘째, 수입 에너지의 가격급등에도 전력요금을 억제하여 발생한 한전의 천문학적 적자문제다. 연이은 선거로 인한 정치적 부담과 가파른 물가상승으로 계속 지연된 요금 현실화가 총선이 끝나고 물가도 안정세에 접어든 지금까지 여전히 지지부진하다.

　셋째, 우리나라 반도체 산업과 관련된 수도권 신규단지의 전력망 부족 문제다. 전력망 부족은 산업단지의 적기가동은 물론 재생가능에너지의 송전도 제약하여 관련 기업의 RE100 달성도 어렵게 한다. 앞의 두 가지 문제에 비해 사회의 주목은 덜 받았지만, 전력망 부족 문제는 후술하듯이 특정 산업단지 문제를 넘어 향후 우리나라 탄소중립의 가장 큰 장애요인이다.

이상 3가지 이슈는 무탄소 에너지 보급을 위한 '전력계획', 사회적으로 민감하면서도 탄소중립에 중요한 전력요금 결정의 '전력시장', 전력공급의 필수 인프라로서 '전력망'에 관련되는 것으로 우리에게 주어진 당면 현안이면서도 중장기적으로 우리나라 탄소중립 구현에 중요한 3가지 핵심과제이기도 하다. 우리나라를 포함하여 모든 국가의 에너지계획에 일관성과 신뢰성이 있고 전력요금을 포함한 전력시장이 공정하고 합리적이어야 수요자의 수요절약과 공급자의 무탄소 발전설비 투자 그리고 전력망의 안정적 확보가 가능하기 때문이다.

하지만 우리나라의 전력계획, 전력시장, 전력망 상황은 다른 OECD국가에서는 찾아볼 수 없을 만큼 매우 특이한 관계로 탄소중립 달성에 한층 더 불리한 제약을 안고 있다. 지난 십여 년 동안 역대 정부들이 탄소감축을 위한 과감한 정치적 아젠다에 도전적인 온실가스 감축목표까지 국제사회에 약속하고 추진했지만, 기대만큼 성과가 나타나지 않고 오히려 우리나라가 OECD 국가 중에서 가장 지지부진하다는 평가를 받는 것 역시 이들 3가지 측면의 특이한 제약조건과 무관하지 않다. 이하에서는 이슈별로 구체적인 상황을 진단하고, 한국경제의 탄소중립에 선행해야 할 각 이슈별 과제들을 차례로 살펴보기로 하자.

▌정부계획의 성격 전환과 '진영 중립'

우리나라는 정부 주도로 거의 20년 기간에 걸친 전력계획을 2년마다 수립하고 있다. 과거 개도국 시절에는 급속한 경제성장에 필요한 전력을 안정적이고 저렴하게 공급하기 위해 건설에서 가동까지 10년 내외가 소요되는 원전이나 석탄발전을 정부가 미리 계획하고 공기업이 그 실행을 담당하는 방식이 효과적이었다. 하지만 이러한 계획방식은 탄소중립과 4차 산업혁명으로 인한 급속한 에너지기술 및 설비변화 그리고 이미 개도국을 벗어나 선진 OECD국가로 발돋움하는 우리 상황에 적합하지 않고 오히려 사회적 갈등과 부작용을 유발하고 있다.

우선 거의 20여 년에 걸치는 장기 수요전망이 어려워졌다. 과거에는 경제성장 추세요인에 따라 어느 정도 예측이 가능했지만, 최근 탄소중립으로 난방, 자동차, 공장에서 사용되는 화석연료가 점차 무탄소 전력으로 전환하는 추세고, 반도체 단지와 4차 산업혁명의 인공지능 및 데이터센터 증설로 급격한 신규 수요까지 예상되는 등 장기전망 자체가 무의미할 정도로 불확실해졌다. 여기에 급격한 수요변동을 유발하는 예측불허의 이상기온까지 가세하고 있다. 수요 전망만이 아니라 설비공급 계획도 불확실하게 되었다. 탄소중립으로 증가할 재생가능에너지(태양광, 풍력 등)나 소형원전(SMR)은 전통설비인 대형원전이나 석탄발전과 달리 여건만 되면 단기간에 건설할 수 있기 때문에 어느 지역에 얼마만큼 설비가 언제 들어설지 사전에 가늠하기 어렵다.

1년 이후의 경제상황도 예측하기 어려운 마당에 거의 20여 년에 걸친 연도별 전력수요를 예측하고 전원별 공급수치까지 결정해서 수급을 맞춘다는 것이 사회주의 계획경제에서조차 어려운 일이다. 이러한 상황변화로 인해 오래전부터 우리나라 전력계획의 실현가능성은 점점 낮아지고 있으며, 설상가상으로 역대 정부가 이를 진영편향적으로 특정 설비(원전 혹은 재생가능에너지)를 무리하게 반영하는 정치적 수단으로 사용하여 그 신뢰성마저 의심받고 있다.

지난 10여 년간의 원전 올인과 탈원전이란 극단의 정책 혼선과 사회 갈등은 바로 이 전력계획상 수치를 둘러싸고 발생한 일이다. 백년대계의 에너지계획을 5년 임기 정부가 정치적으로 결정하고 정부 교체기마다 급격히 바꾸는 것은 합리적이지도 않고 긴 호흡이 필요한 탄소중립에도 도움이 되지 않는다.

이 문제의 해결방안은 현재의 전력계획을 '수치확정적 성격 (plan)'에서 대다수 OECD 국가처럼 탄소중립에 이르는 3~4개의 시나리오를 보여주는 '미래전망적 성격(outlook)'으로 전환하는 것이다. 이를 통해 특정 설비에 대한 진영 편향을 제거하고 미래의 다양한 탄소중립 옵션을 열어두면 정책 혼선이나 소모적 정쟁을 줄이면서 정부계획의 일관성과 신뢰성도 제고할 수 있을 것이다. 이처럼 계획의 성격을 장기목표하의 다수 시나리오 전망으로 전환하여 '전력계획상 진영 중립'을 달성하는 것이 한국경제의 탄소중립에 선행해야 할 첫 번째 과제다.

▎ 전력시장의 활성화와 '규제 중립'

탄소중립을 위해서는 전망적 성격의 시나리오와 함께 이를 현실에서 구현하기 위한 공정하고 합리적인 전력시장이 필요하다. 모든 산업이 그렇듯이 탄소중립을 구현할 전력시장이 공정하고 활성화되어야 주어진 장기목표를 달성하기 위해 다양한 참여자들이 제각기 방식으로 탄소감축과 관련 기술혁신에 노력하고 그 정당한 대가를 시장에서 보상받을 수 있기 때문이다. 그 과정에서 탄소중립에 이르는 우리나라의 현실적인 시나리오가 구체화될 것이다. 하지만 우리나라는 전력계획과 마찬가지로 전력시장에 대한 정부의 개입과 정치적 통제가 과도하다.

우선 이런 시장구조하에서는 원가 이하의 낮은 전력요금이 지속될 수밖에 없고 이에 익숙해진 가계나 기업 등 수요자들은 앞으로도 그 기조가 유지될 것으로 기대하기 때문에 탄소중립에 필수적인 수요절약 및 이에 필요한 관련 투자를 하지 않는다. 국제에너지가격이 폭등하는 상황에서 저유가 시절의 요금을 유지하면 탄소중립은 물론 수요절약을 통한 단기 수급대응도 어렵다. 또한 공급원가조차 제대로 받지 못하는 전력시장에서는 탄소중립을 위한 공급사업자들의 적극적인 설비투자와 기술개발도 기대하기 어렵다. 화력발전에 의한 공급원가도 보상받지 못하는 상황에서 더 높은 공급비용이 수반되는 저탄소 혹은 무탄소 전력공급을 확대한다는 것은 보상이 아니라 그만큼 더 적자를 떠안는 일이기 때문이다. 최근에 논란이 된 한전 부채비율 500%와 누적적자 200조는 그 당연한 결과다.

이처럼 전력요금 등 시장통제가 지속되는 이유는 여러 가지가 있지만 가장 중요하고 근본적인 이유는 한전이 전력시장의 판매사업 자체를 독점하고 있기 때문이다. 어떤 산업이든 독점시장에서는 수요자 보호나 독점사업자의 횡포방지를 위해 정부가 시장에 개입할 수밖에 없다. 이로 인해 정부의 전력시장 개입은 불가피하게 되고 전기요금을 시장이 아니라 정부가 직접 결정하는 구조가 지속되는 것이다. 이런 구조하에서는 어떤 정부가 들어서든 전력 요금 결정은 정치적 민감 사항일 수밖에 없고 먼 미래의 탄소중립 보다는 눈앞에 닥친 선거와 지지율을 더 중시할 수밖에 없다. 물론 정부가 정하는 요금이 원칙상 공급원가는 최소한 보장하게 되어 있다. 하지만 전술한 한전의 부채와 적자는 원칙이 아닌 우리의 현실을 그대로 보여주고 있다.

이 문제의 해결방안은 대부분의 OECD국가에서처럼 전력판매 를 다양한 사업자들에게 개방하여 활성화하고 전력요금은 정부와 독립적인 제3의 중립기구의 규제하에 전력시장에서 공정하고 합 리적으로 결정하는 것이다. 물론 이 과정에서 상황에 따라 불가피 하게 저소득층, 열악한 자영업자 및 중소기업의 경제적 부담이 생 길 수 있다. 이에 대해서는 정부 재정에 의한 직접 보조로 대응하는 것이 바람직하다. 이를 자칫 전력시장의 자유화 혹은 자유방임으 로 오해하기 쉬운데, 이는 전력시장에 대한 자의적인 정치적 통제 를 탄소중립과 분배 형평성을 고려한 합리적 규제로 전환하여 시장 규제의 공정성과 공공성을 강화하는 것이다. 또한 이 방안은 탄소 중립을 위한 요금 현실화의 필요성을 인지하면서도 정치적 부담으 로 이를 제대로 실행하지 못하는 정치권의 고충을 덜어주는 길이기 도 하다.

만약 이러한 방안을 당장 실행하기 어렵다면 정부 부처내에서라 도 별도의 전문위원회를 두어 과도기적 역할을 부여하는 방안을 생각해 볼 수 있다. 현재 정부 부처에서도 별도의 전문위원회를 두어 중립적인 의사결정을 하는 경우가 있어서 단기간 내에 실행가능한 방안이라 생각된다. 이처럼 경직적인 시장구조를 개혁하고 전력시장의 정치적 통제를 중립기구의 공적 규제로 전환하는 '전력시장의 규제 중립'이 한국경제의 탄소중립에 선행해야 할 두 번째 과제다.

▌안정적인 전력망 확보와 '망 중립'

전력계획이나 전력요금 이슈만큼 주목받지 못했지만, 최근의 전력망 부족문제는 향후 한국경제의 탄소중립에 가장 중요한 과제이자 큰 애로 요인이다. 무탄소의 전력을 아무리 생산해도 이를 대도시와 산업단지로 보낼 수 있는 송전망이 없으면 수급안정은 물론 탄소중립도 불가능하기 때문이다.

현재 우리나라의 전력수요는 수도권에 집중되어 있고 원전, 석탄발전과 같은 대규모 공급설비는 모두 수도권에서 먼 지역에 있어서 장거리 송전망을 통해 수도권으로 공급하고 있다. 하지만 지금도 장거리 송전망이 부족하여 강원 및 중부지역 그리고 제주지역의 일부 발전기는 제대로 가동하지 못하고 있다. 문제는 앞으로 우리나라를 포함하여 대부분 국가에서 탄소중립과 4차 산업혁명으로 전력수요가 급증하여 현재의 2배 내외로 증가할 가능성이 높다는 점이다. 설상가상 우리나라는 탄소중립으로 증가할 재생가능에너지 설비나 신규 원전도 건설 비용이나 주민수용성 문제 등으로 모두 수도권에서 멀리 떨어진 곳에 들어서고 있어서 수도권으로 향하는 장거리 송전망 부족이 악화일로에 있다. 최근에 불거진 수도권 산업단지의 전력망 부족과 공급 불확실성은 그 예고편에 불과하다.

이 문제의 해결방안은 크게 두 가지다. 하나는 수도권에 들어설 대규모 수요처나 산업단지를 앞으로 발전설비들이 들어설 지역으로 내려보내는 수요 분산과 그 반대로 무탄소 발전설비는 가능한 수도권에 입지하도록 유인하는 설비 분산을 통해 송전망의 추가건설을 가능한 피하는 방법이다. 이를 위해 여러 가지 조치들이 필요하지만, 그 첫걸음은 바로 지역요금제, 즉 수도권 수요자와 비수도권 발전기에는 경제적 불이익을 주고, 비수도권의 수요자와 수도권 발전기에는 경제적 이득을 주도록 전력시장의 요금체계를 개편하는 것이다. 그것이 수요자든 공급자든 지역별로 발생하는 원가차이를 반영하는 공정한 시장가격이기도 하다. 동일한 제품도 운송거리와 비용에 따라 가격이 다르고 자동차 기름값도 지역별로 다른 것과 같은 이치다.

기피시설인 발전설비와 송전망을 떠안은 채 발전한 전력을 수도권으로 보내는 비수도권과 그 반대의 혜택을 누리는 수도권을 동일하게 취급하는 것은 사실상 비수도권에 대한 역차별이라고 할 수 있다. 그럼에도 지역별 차등요금이 어려운 이유는 전술한 바와 같이 정부가 사실상 요금을 결정하는 상황에서 지역별 요금차등이 유발할 정치적 부담(특히 수도권 지역의 반발) 때문이다. 앞에서 언급한 전력시장 개혁이 전력요금이나 규제의 정상화만이 아니라 전력망 부족문제 해결을 위해서도 필요한 또 다른 이유다.

둘째, 이렇게 수요 및 설비분산을 유도하더라도 수도권 중심의 우리나라 경제구조상 불가피하게 지역에서 수도권으로의 장거리 송전망 확충은 불가피할 것으로 판단된다. 문제는 이를 담당하는 한전이 천문학적 적자구조하에서 전력망 확충에 필요한 60조 내외의 재원을 감당할 수 있느냐는 점이다. 재원 마련과 함께 판매 사업과 전력망 사업에 발전자회사까지 소유하고 있는 복잡한 내부 이해관계의 연합인 한전 체제하에서 하나의 내부 부서로서 송전사업부가 전력망 확충에 전사적 명운을 걸고 매진할 수 있느냐는 점이다.

한전의 재무여건이나 내부 이해관계보다 더 중요한 점은 전력망 사업의 중립성 문제다. 전력망을 어디에 언제 건설하고 어떻게 운용하는가는 한전을 포함한 모든 전력관련 사업자들에게는 사활이 걸린 문제이다. 군이 경제학 이론을 언급하지 않더라도 전력망처럼 모든 수요자나 공급자가 공통으로 이용하는 플랫폼, 즉 자연독점의 네트워크(전력망, 가스망, 철도망 등)는 모든 사업자의 이해관계와 중립적인 기관이 담당하는 것이 상식이자 원칙이다. 판매에서 발전자회사까지 전력산업의 모든 영역에서 사업을 영위하는 한전이 전력망 사업까지 담당하는 것은 아무리 공기업으로서 공정성을 천명하더라도 제3의 사업자들에게는 '팔이 안으로 굽는다'라는 오해를 유발하고 또 현실에서 그런 논란들이 다수 발생하고 있다.

이 문제의 해결방안은 한전 내부의 송전사업부를 별도의 공기업(가칭 '한국전력망공사')으로 분리·설립하여 판매와 발전 분야의 모든 전력 사업자의 이해관계에서 벗어나게 하는 것이다. 이렇게 신설된 공사는 한전의 재무제약이나 이해관계에서 벗어나 탄소중립의 핵심과제인 전력망 확충에 매진할 수 있다. 이는 곧 전력망 사업의 공정성과 공공성을 강화하는 것으로 오래전부터 대부분 OECD 국가에서는 이미 일반화되어 있다. 그럼에도 이 역시 당장 실현이 어렵다면 한전 내부의 송전사업부를 한전의 자회사 형태라도 분리하는 과도기적 조치도 생각해 볼 수 있다.

이와 함께 과거 밀양 송전망 갈등 사례처럼 전력망 추가건설의 또 다른 걸림돌은 지역주민의 수용성 문제다. 이에 대해서는 전력망 건설에 따른 지역주민의 유무형 피해보상을 제대로 해줄 수 있는 특단의 지원대책이 필요하고 현재 정부가 이를 준비 중이다. 이처럼 수요 및 설비분산과 함께 전력망 사업을 전담할 별도의 공기업을 설치하여 전력망 사업을 판매와 발전 등 모든 사업자의 이해관계에서 분리하는 '전력망 중립'이 한국경제의 탄소중립에 선행해야 할 세 번째 과제다.

▌ 탄소중립 구호보다 중요한 세 가지 중립과제

전술한 바와 같이 최근의 3가지 이슈와 관련된 전력계획, 전력시장, 전력망은 우리나라를 포함한 모든 국가의 탄소중립의 핵심 과제다. 그럼에도 우리나라처럼 정부가 바뀔 때마다 전력계획이 급변하고 공급 원가 이하의 낮은 요금으로 통제되는 전력시장으로는 탄소중립을 위한 수요와 공급량 측면에서 변화와 혁신을 기대하기 어렵고 안정적인 전력망 확보도 불확실하다.

물론 그동안 역대 정부가 이들 3가지 문제를 해결하기 위해 나름대로 노력하였고 현 정부도 다각도로 노력 중이다. 하지만 이들 문제는 정부만 나선다고 해결될 문제가 아니고 정부가 바뀐다고 해결될 문제도 아니다. 이들 문제는 단순히 '정부(government)'를 바꾸는 문제'가 아니라 3가지 이슈를 둘러싼 에너지 '거버넌스(governance)를 바꾸는 문제'이기 때문이다. 즉 전술한 해결방안이 암시하듯이 이들 문제는 정부와 정치권은 물론 소비자로서 국민, 공급자로서 사업자 그리고 탄소중립에 이해관계를 갖는 참여자들 간의 사회적 대화와 논의를 통해 접근해야 한다.

흔히 한국경제의 탄소중립을 위해서는 시장이나 민간이 아니라 정부가 의지를 가지고 적극적으로 나서야 한다는 얘기들을 한다. 당연히 일리가 있고 맞는 말이지만 현재 한국의 상황에서는 그것이 문제의 본질을 흐리고 오히려 부작용을 유발할 가능성이 높다. 현재 우리나라의 전력계획, 전력시장 그리고 전력망 상황을 그대로 둔 채 정부의 주도적 역할만 강조하면 이미 살펴보았듯이 탄소중립에 역행하는 진영 편향, 시장 억압, 전력망 부족을 가속화시킬 가능성이 있기 때문이다. 더구나 지난 10여 년 동안 역대 정부들이 저탄소 녹색성장이나 탄소중립의 그린 뉴딜을 최우선 국정과제로 추진했지만 미미한 성과에 비해 너무나 많은 갈등과 후유증을 경험한 바 있다.

한국경제의 탄소중립은 전 지구의 기후변화 방지는 물론 한국경제의 새로운 도약을 위해 필수적이다. 하지만 이를 효과적으로 추진하고 가속하기 위해서는 정치구호로 화려하게 포장된 '탄소중립'보다는 그 출발이자 토대로서 에너지 거버넌스의 '진영 중립, 규제 중립, 망 중립'이 훨씬 더 중요하다.

— 〈2025 한국경제 대전망(21세기북스)〉, 2024.10.

제2부

에너지정치와 정책거버넌스 개혁

미리
보기

제2부는 우리나라의 에너지문제와 관련된 에너지정치 및 정책 거버넌스에 관한 것으로 전반부는 지난 정부 및 국회 출범에 즈음한 기대와 당부, 후반부는 정치권이 적극적으로 나서서 해결해 주어야 할 과제로서 거버넌스 개혁에 대한 것이다. 제2부만이 아니라 이 책 전체를 관통하고 있는 것은 에너지문제를 둘러싼 극단적인 대립과 소모적인 정쟁 그리고 에너지부문에 대한 과도한 정치적 개입이 우리나라 탄소중립과 온실가스 감축의 가장 큰 장애라는 문제인식이다.

전반부는 이러한 문제의식하에서 지난 수십년간 역대 정부의 에너지정책에서 느꼈던 점을 적은 것으로 그 저변에 깔려 있는 기조는 크게 세가지다. 하나는 역대 정부와 정당들은 에너지정책을 에너지산업 및 시장체제 전체가 아니라 원전이나 재생가능에너지와 같은 특정 에너지원의 관점으로만 접근하는 경향이 있다. 저탄소 녹색성장이든 탄소중립의 그린 뉴딜이든 그 핵심은 저탄소나 탄소중립에 적합한 에너지 산업구조 및 시장체제의 개혁에 있지 특정 에너지원의 보급수치에 있지 않다.

둘째, 특정 에너지원에 대해 서로 다른 정치적 선호가 있다고 하더라도 이들간의 이견을 조정해서 최소한의 합의점을 찾아내는 것이 에너지정치의 몫이고 정치권이 존재하는 이유다. 하지만 역대 정부와 정당은 이들 에너지원간의 대립과 갈등을 오히려 증폭시키고 특정 에너지원을 국가주도적으로 밀어붙이는 경향을 보였다. 우리나라 정당정치의 진영편향이 프랙탈 구조처럼 에너지정책에도 그대로 반복·투영된 셈이다. 앞으로 정치권은 특정 전원에 대한 과도한 집착을 버리고 전력산업구조와 시장체제 개혁을 위해 서로 머리를 맞대어야 한다.

셋째, 이와 관련하여 여야 모든 정치권은 그 성격은 다르지만 에너지문제에 대한 국가주의에서 벗어날 필요가 있다. 전력, 가스 등 에너지산업은 무조건 국가와 공기업이 주도해야 한다는 '전력산업의 국가주의'는 국내적으로 60년대 개발연대기의 산물이고 세계적으로 별로 통용되지 않는 체제다. 한편 원전의 필요성은 이해할 수 있으나 정부지원 축소와 시장기능 활성화라는 원칙을 원전에는 엄격히 적용하지 않는 '원전 국가주의' 역시 문제다. 원전은 사고위험 부담과 사용후 핵연료 처리에서 국가의 지원과 보조 없이는 시장에서 제 발로 서기 어려운 전원이다. 이런 측면에서 본다면 오랜 기간 전력정책상 극심한 갈등과 소모적 정쟁을 유발한 '원전 올-인과 탈원전'간의 대립이 외형상 지향은 정반대이지만 그 실행방식은 국가주의라는 요소를 공유하고 있다. 원전확대나 탈원전은 사회적 합의를 통해 진행할 문제이지 집권을 통해 국가주도적으로 접근할 문제가 아니기 때문이다. 이런 측면에서 수십년간 전력부문에서 벌어진 양 진영의 대립은 개발연대기의 전력체제라는 동일한 '앙시앙 레짐(Ancien Régime)'에 뿌리내리고 있는 두 개의 국가주의간의 정치적 충돌이라고도 할 수 있다. 앞으로 정치권은 20세기 '앙시앙 레짐'의 전력체제에서 벗어나 21세기 4차 산업혁명과 탄소중립시대에 부응하는 '누보 레짐(Nouveau Régime)'을 같이 고민해야 한다.

후반부는 이런 측면에서 정치권이 머리를 맞대고 실사구시의 자세로 풀어야 할 최우선과제로서 에너지 거버넌스 개혁을 다룬 것이다. 정치권력의 삼권분립이 되어야 견제와 협력속에서 정치가 발전하듯이 탄소중립과 온실가스 감축 이행 역시 마찬가지다. 시장경제에서는 정부와 규제기관 그리고 시장 사업자가 해야 하는 역할과 기능은 완전히 다르다. 하지만 우리나라는 정책, 규제, 시장을 모두 정부가 주도하는 삼위일체형 구조다. 이는 전술한 '앙시앙 레짐'의 유물일뿐 혁신적이지도 않고 공공적이지도 않다. 이제 정부와 정치권은 진영논리에 입각한 소모적인 정치공방이 아니라 전력부문의 거버넌스 개혁과 새로운 전력체제를 위한 치열한 정책공방을 벌일 시점이다.

새 정부의 에너지정책과
'이카루스의 날개'

이제 곧 새로운 정부가 출범한다. 모든 분야에서 새 정부의 정책에 대한 기대가 높지만 특히 에너지정책은 지난 십여년간 첨예한 쟁점이 된 까닭에 초미의 관심사가 되고 있다. 잠시 시야를 과거로 되돌려 보면 지난 십여년간 역대 정부의 에너지 정책은 초기에 원대한 포부와 야심찬 계획으로 출발했지만 기대만큼 성과를 거두지 못하였다. 오히려 저탄소 녹색성장의 '원전 올인'에서부터 최근 에너지전환의 '탈원전'에 이르기까지 원전 문제란 좁은 영역에 갇혀 정쟁과 갈등의 냉온탕만 오간 느낌이다. 이런 답답함이 반복되는 이유는 크게 두가지다.

첫째, 정치적 진영논리의 과잉이다. 역대 정부들은 원전이나 재생에너지와 같은 특정 전원에 대한 정치적 편애가 심했다. 역대 정부가 선언한 두 차례 온실가스 감축목표 모두 비현실적인 수치를 선언하고 이를 구현하기 위해 무리하게 원전이나 재생에너지의 독주로 치달은 측면이 있다. 그러다보니 백년대계의 연속성을 지녀야 할 에너지정책이 새 정부가 출범할 때마다 급변침을 반복한 것이다. 우리나라와 같은 정치구조하에 탄소중립을 차분하게 준비하기 위해서는 '탄소중립'보다는 '진영중립'이 오히려 더 중요하다. 새 정부는 2030년 온실가스 감축계획의 불확실성을 수정하고 원전이든 재생에너지든 특정 전원에 대한 정치적 편향을 제거할 필요가 있다.

둘째, 전력시장과 산업구조의 문제다. 역대 정부가 모두 획기적인 에너지정책을 표방했음에도 온실가스 감축에 필수적인 수요절감이나 다양한 저탄소 공급기술 개발은 큰 성과가 없었다. 정부가 정치적 이유로 전력요금과 시장에 자의적으로 개입하고 다양한 사업자의 판매사업 진출을 제한하는 상황에서 수요측면에서 획기적인 절감이나 공급측면에서 혁신기술을 기대하기 어렵다. 전력산업은 물론 한국경제 자체가 안정적인 저탄소 체제로 전환하기 위해서는 5년이면 사라질 '정치구호'가 아니라 전환을 촉진할 수 있는 강건하고 신뢰성 있는 '시장신호'가 필요하다. 이번 대선과정에서 보았듯이 득표를 의식해서 전력요금 현실화를 미루거나 이를 맞받아치는 인상 백지화를 선언하는 것처럼 정치가 전력요금에 자의적으로 개입하는 구조하에서는 어떤 성향의 정부가 집권하든 한국경제와 전력산업의 탄소중립은 요원하다. 그런 의미에서 우리나라에너지정책의 핵심은 '탈원전'이 아니라 '탈정치' 문제다.

유명한 그리스 신화에 '이카루스의 날개'에 대한 얘기가 있다. 이카루스가 밀랍으로 만든 날개로 욕심을 부려 높이 날다가 태양의 열기에 날개가 녹아 추락한 얘기다. 새 정부는 향후 수십년의 에너지정책을 자신의 집권기에 결정하겠다는 정치적 과욕을 부려서는 곤란하다. 5년 임기의 정부가 50년 이상이 소요되는 에너지정책의 구체적인 방향과 계획을 집권기에 마련하겠다는 것 자체가 '정치적 오만'이자 '정책상 오류'를 범하는 일이기 때문이다.

오히려 특정 전원을 벗어난 넓은 시야와 긴 호흡으로 우리나라 전력시장과 산업을 어떻게 하면 저탄소에 부응하는 효율적이고 유연한 체제로 전환할 것인가에 치중하는 것이 더 중요하다. '통제하의 전력시장'과 '규제하의 전력산업'이란 수급의 양 날개로는 높이 날 수 없기 때문이다. 이런 취약한 밀랍의 날개를 그대로 두고 과욕으로 높게 날려고 한다면 새 정부의 에너지정책도 5년후 '이카루스'의 운명이 될 공산이 짙다. 정부 출범에 즈음하여 역대 정부과 구별되는 긴 호흡의 에너지정책을 기대해 본다.

― 〈전자신문〉, 2022.3.28.

차기 정부 에너지정책의 과제
-정치과잉, 시장과소, 진영편향-

곧 새로운 정부가 출범한다. 매번 정부가 출범하면 그에 따라 에너지정책이 다시 정립된다. 지난 십여년을 되돌아보면 저탄소 녹색성장에서부터 에너지신산업을 거쳐 에너지전환과 탄소중립에 이르기까지 역대 정부들은 자신 고유의 에너지정책을 추진하였다. 그 과정에서 부분적인 성과도 있었고 정책이나 제도상의 개선도 있었다. 하지만 냉정히 평가하자면, 역대 정부가 내건 정책이 그대로 구현된 경우는 별로 없다. 오히려 획기적인 에너지체제의 전환보다는 소모적인 정쟁과 사회적 갈등만 증폭된 경향이 강하다.

그 이유는 크게 3가지다. 첫째, '에너지정치의 과잉'이다. 과거 중기감축계획이나 최근 30년 NDC계획에서 정치적 목적하에 계산오류나 비현실적인 허수가 포함된 감축목표를 설정한 것이라든지, 이를 구현한다는 명분하에 애초에 실현불가능한 수준의 원전이나 재생에너지의 보급목표를 설정한 것은 그 단적인 사례다. 둘째, '에너지시장의 과소'이다. 온실가스 감축이나 효율적인 에너지 절약을 위해서는 탄소비용과 발전원가를 반영할 수 있는 전력요금 및 시장이 필수적이다. 그럼에도 역대 정부는 전력요금을 통제하고 전력부문의 시장 기능을 철저히 외면하였다. 이런 구조하에서는 에너지절약이나 에너지신산업은 물론 탄소중립도 구현하기도 어렵다. 셋째, '진영논리의 편향'이다. 원전과 석탄발전에서 재생에너지에 이르기까지 경제성, 사회성, 환경성 그리고 안전성을 모두 완벽히 갖춘 발전원은 없다. 더구나 우리나라는 고립계통망이기 때문에 계통안정성까지 고려해야 한다. 그럼에도 정치적으로 특정 에너지원만 중시하고 다른 에너지원을 배척하는 진영논리는 우리나라 전력수급과 계통운영상 가능하지 않을 뿐만 아니라 소모적인 사회갈등만 유발한다. 더구나 5년 임기의 정부가 백년대계의 에너지정책의 구체적 경로까지 설정한다는 자체가 오만이자 오류다.

이러한 진단이 크게 틀리지 않는다면 차기정부 에너지정책의 과제는 다음 3가지다. 첫째, 단기적이고 진영편향적인 목적이 장기 에너지정책에 반영되지 않도록 유의할 필요가 있다. 특히 중요한 과제는 최근 30년 NDC와 재생에너지 보급목표의 불확실성을 제거하여 중단기 수급안정을 도모하고 설비투자의 의사결정상 혼선을 제거하는 일이다. 둘째, 효과적인 온실가스 감축을 위해서 경직적인 전력산업 및 시장구조 자체를 유연하고 효율적인 체제로 전환할 필요가 있다. 전력요금 등 유연하고 효율적인 시장신호가 존재하고 다양한 사업자의 시장진입이 가능해야 에너지 절약이나 신기술의 혁신이 가능하고 탄소저감의 비용도 최소화된다. 셋째, 특정 전원의 편향에 따른 단일 경로가 아니라 우리나라 현실과 미래 기술을 고려한 다양한 경로의 시나리오 방식의 정책을 수립해야 한다. 최근 30년 NDC와 50년 탄소중립 시나리오가 문제인 것은 진영논리로 인해 우리의 현실을 무시하고 다양한 미래기술과 정책 옵션을 사전에 봉쇄한 데 있다. 차기 정부는 다수의 시나리오 방식의 정책 수립을 통해 차기 정부는 물론 그 이후의 정부를 위한 정책의 자유도를 높일 필요가 있다.

5년 임기의 정부가 특정 전원을 집권 기간에 무리하게 확대하려는 유혹을 가질 가능성은 상존한다. 하지만 이에 따른 부작용과 경직성은 과거 정부의 경험을 통해 이미 우리가 경험한 바 있다. 또한 특정한 하나의 에너지원으로 탄소중립을 달성한다는 것 자체가 현실적으로 가능하지 않고 오히려 심각한 사회적 갈등만 유발할 가능성이 높다. 주지하는 바와 같이 에너지체제 전환과 탄소중립은 수십 년이 소요되는 긴 여정이다. '빨리 가려면 혼자 가고, 멀리 가려면 함께 가라'는 말이 있다. 백년대계의 에너지정책 역시 마찬가지다.

― 〈에너지데일리〉, 2022.3.11.

국회의 '넓은 로텐더 홀'과
'좁은 회랑'

　근대 역사에서 어떤 국가는 발전하고 어떤 국가는 부진한 모습을 보이는지에 대한 설명은 경제학을 비롯한 사회과학의 오랜 화두였다. 인종이나 민족의 우월성으로 설명하는 제국주의 시대의 편견들은 차치하고, 석학 막스 베버는 '프로테스탄트 윤리와 자본주의 정신'에서 종교나 윤리를 발전 요인으로 거론한 적이 있고, 근래 세계적 베스트셀러 반열에 오른 '총,균,쇠'의 재러드 다이아몬드는 지리적 위치 및 여건 차이를 강조한 바 있다. 하지만 이러한 논리로는 같은 인종의 단일 민족이면서 동일한 종교 및 윤리 배경에서 출발하고 지리적 환경이 유사한 대한민국과 북한간의 현격한 발전 차이를 설명할 수가 없다.

　이러한 문제의식하에서 한국을 포함한 몇 가지 해외사례를 토대로 새로운 관점을 제기한 책이 바로 애쓰모글루와 로빈슨이 쓴 '국가는 왜 실패하는가?(Why Nations Fail)'다. 이에 따르면 한 국가의 성공 여부는 인종이나 민족, 종교나 윤리, 지리적 위치나 여건이 아니라 각 국가가 채택한 '제도의 성격', 즉 재산권 확립과 자유롭고 공정한 시장하에서 각자의 노력에 따른 경제적 성과가 자신에게 귀속되는 '포용적 경제제도'인가 아니면 불완전하고 부당한 제도 하에서 자신의 노력이 다른 집단에 귀속되는 '착취적 경제제도'인 가에 좌우된다는 것이다. 그리고 후속 저서에서 발전 요건인 포용 적 제도가 가능하기 위해서는 정치체제가 토머스 홉스가 말하는 '리바이어던'의 전제정치나 그 정반대인 '만인에 대한 만인의 투쟁' 의 무능한 정치체제가 아니라 서로 견제하면서도 다원적이고 균형 적 체제, 즉 전술한 두 체제 사이에 난 '좁은 회랑(narrow corridor)' 임을 강조한 바 있다.

이들 저서가 대표 사례로 밝히고 있듯이 한국경제는 시대별 차 이는 있지만 경제제도와 정치체제의 양 측면에서 성공한 국가임이 틀림없다. 그런데 같은 한국경제 내에서 유독 전력 등 에너지산업 이 여건상 우리와 유사한 OECD 국가들에 비해 아주 낙후된 모습을 보이는 이유는 무엇일까? 국가 비교에 중점을 둔 이들의 저서를 언급하면서 특정 산업의 국가 간 차이를 질문하는 것 자체가 이들 의 관점과 다른 좀 엉뚱한 것이기는 하다. 하지만 같은 산업이라도 국가 간 시장제도와 정치규제의 차이가 있다면 어떤 시사점을 얻을 수 있지 않을까?

우리나라 전력 등 에너지산업이 직면하고 있는 제도적 상황을 보자. 정부의 정치적 성격에 따라 급변침을 반복하는 정책과 계획, 사실상 독점판매라는 시장진입의 제도적 장벽, 정치적으로 통제되 는 소매요금과 이로 인한 적자와 빈사상태의 산업생태계, 변동비 반영시장(CBP)과 정산조정계수라는 이상한 성과배분제도, 지역신 호 부재와 지역간 수급불균형 심화, 그 해결을 위한 계통보강 재원과 건설의 불확실성, 그 상황에서 증가하는 재생에너지와 원전의 변동성과 경직성, 이로 인한 계통신뢰도와 계통복원력 하락 등등. 이러한 모습을 총체적으로 보여주는 경우는 다른 OECD국가는 물론 상위권의 개도국에서조차 찾아보기 어렵다.

이 상황에 전술한 제도적 관점을 응용하여 한국의 전력 등 에너지산업 전체가 경직적이고 부당한 제도로 인해 성공한 한국경제에 속하면서도 노력 성과를 제대로 누리지 못하는 '착취적 제도'하의 '내부식민지 산업'과 같은 신세라면 너무 자조적 평가일까? 한 걸음 더 나가서 이러한 제도를 강력하게 뒷받침해 온 것이 리바이어던과 같은 '전제적 정치개입'이라고 한다면 너무 과도한 진단일까?

이제 곧 총선을 거쳐 차기 국회가 출범할 예정이다. 그 과정에서 탄소중립이나 기후정치를 주장하는 것도 좋지만 그보다는 우리 에너지산업 전반에 구조화되어 있는 경직적이고 불합리한 시장제도와 그 버팀목인 전제적 정치개입 개혁이 최우선이다. 그런 의미에서 우리 에너지 업계에 와닿는 선거구호는 "바보야, 문제는 정치야!"가 아닐까 한다. 추상적인 탄소중립이나 정파적인 기후정치보다 시장제도와 정치규제의 개혁이 우리나라 기후변화와 탄소중립의 핵심과제이기 때문이다. 바라건대 차기 국회는 '넓은 로텐더홀'에서 엉뚱한 몸싸움을 벌이기보다는 시장제도 개혁과 다원적 정치를 위한 '좁은 회랑'으로 걸어가기를 기대한다.

― 〈전기신문〉, 2024.3.15.

몽테스키외와
에너지 거버넌스의 '삼권분립'

『법의 정신』이란 책을 모르거나 학창시절에 들은 몽테스키외라는 이름을 나이 탓에 잘 기억하지 못하는 분들은 간혹 있을 것이다. 하지만 '삼권분립'을 모르는 분들은 거의 없을 것이다. 민주정치의 핵심으로서 삼권분립은 몽테스키외가 자신의 책 『법의 정신』에서 주장한 것이다. '권력이 집중되면 이를 남용해서 끝장을 볼 때까지 행사한다'는 것이 몽테스키외가 정치권력의 삼권분립을 주장한 이유다. 정치권력만이 아니라 간혹 정책권한에도 이를 적용해야 할 경우가 있는데 우리나라 전력요금 정책이 그 사례가 아닌가 한다.

현재 전기요금 결정은 외형상 한전, 관계부처, 전기위원회 등 분리된 독립 절차를 거치게 되어 있다. 그 상세한 절차를 모르는 분들은 있겠지만 요금결정 권한이 사실상 대통령실로 상징되는 집권정부에 있다는 것을 모르는 분들은 아마 없을 것이다. 최근 요금인상의 핵심원인은 따로 둔 채 신·구 정부가 벌이는 엉뚱한 책임공방이 결정권의 소재를 보여주는 간접증거다.

하지만 문제의 본질은 어느 정부의 잘못인가가 아니라, 집권정부(정책), 관계부처(규제), 공기업 한전(시장)이라는 '삼위일체형' 거버넌스에 있다. 현재 구조하에서 집권정부는 결국 시장요금보다 정치득표, 수급안정보다 정권안정을 위한 결정을 하게 된다. 과연 어느 정부가 눈앞에 어른거리는 득표와 지지율을 무시하고 전기요금을 제대로 인상하겠는가? 따라서 이는 해당 정부의 잘잘못을 따져 'Government'를 바꾸는 문제가 아니라, 'Governance'를 바꾸는 문제다. 즉 최근 거론된 바 있는 전기위원회의 독립성 강화를 통해 '삼권분립형' 거버넌스로 전환하는 방안이다.

첫째, '정치개입으로부터 독립'이다. 전기요금은 시장원가대로 결정하는 것이 전력정책은 물론 탄소중립을 위해서도 필수적이다. 탄소비용은커녕 발전연료비도 요금에 제대로 반영하지 못하는 정치개입 구조를 그대로 두고 한국경제의 과감한 NDC 상향, 역사적인 2050년 탄소중립을 언급하는 것 자체가 부끄러운 일이다.

둘째, '물가정책으로부터 독립'이다. 국민경제에서 물가관리는 매우 중요하다. 그럼에도 전기요금을 물가관리 수단으로 사용하는 것은 득보다 실이 더 크다. 우선 주요 선진국은 기준금리 결정시 오류를 줄이기 위해 변동성이 심한 에너지나 식품가격을 제외한 근원물가지수를 판단기준으로 삼고 있다. 우리의 경우 이보다 더 큰 문제점은 '물가관리 수단으로서 전기요금 정책'이 국민들의 '요금동결 기대'를 유발한다는 점이다. 선제적 금리인상으로 '기대 인플레이션'을 잡는 것이 물가정책의 핵심이듯이 전력정책에서 선제적 가격신호로 '요금동결 기대'를 잡는 것이 중요하다. 요금동결 기대는 전력정책에서 가장 중요한 수요절약을 저해할 뿐만 아니라 물가측면에서도 연료수입 증대와 환율상승을 통해 국민경제의 수입물가를 자극한다.

셋째, '산업정책으로부터 독립'이다. 최근 탄소중립이 시사하듯이 전력산업은 하나의 성장산업으로서 큰 잠재력을 지니고 있다. 전력산업의 경쟁력이 높아져야 안정적인 요금과 수급을 통해 다른 산업과의 동반성장이 가능하다. 개발연대 시기처럼 제조업의 경쟁력을 위해 전력산업과 요금을 인위적으로 통제하면 양쪽 산업 모두 공멸할 가능성이 높다. 더구나 진흥부서와 규제부서는 악셀레이터와 브레이크처럼 별개로 두는 것이 산업정책의 ABC이다.

혹시 일부에서 전기위의 독립성 강화로 인한 일방적인 전기요금 인상이나 그 부작용을 우려할 수 있다. 이 지점에서 몽테스키외의 말을 되새겨볼 필요가 있다. 몽테스키외는 권한'분담'을 통한 견제와 협력의 '삼권분립'(分立)을 주장한 것이지, 권한'분리'에 의한 독주와 단절의 '삼권분리'(分離)를 얘기한 것이 아니다. 필요시 물가안정을 위한 비상조치나 상호협조는 독립규제위원회에서도 충분히 가능하다.

종교에서 말하는 삼위일체는 '절제의 신앙심'에 도움이 될지 모르나, 정치에서 삼위일체는 몽테스키외의 통찰처럼 '끝장의 남용'으로 귀결될 가능성이 높다. 역대 정부 중에서 전기요금에 관한 '끝장의 남용'에서 자유로운 정부는 거의 없었다. 이제 정치권도 문제의 본질과 무관한 책임 공방만 벌일 것이 아니라 올바른 전력산업의 거버넌스 개선에 노력과 관심을 경주해야 할 때이다.

— 〈전기신문〉, 2022.7.8.

탄소중립을 위한
에너지 정책거버넌스 개혁

▌ 탄소비용을 반영하는 에너지가격신호의 정립

한국경제의 탄소중립을 위해서는 효과적인 온실가스 감축정책 수립과 함께 산업혁신 및 기술개발이 중요하다. 이러한 두 과제에서 공통적으로 필요하고 중요한 것은 올바른 에너지 가격신호의 정립이라고 할 수 있다. 전기요금 등 에너지요금에 탄소비용을 포함한 가격신호가 제대로 정립되어야 에너지 수요와 공급의 양 측면에서 효과적인 온실가스 감축이 가능하다. 또한 신뢰성 있는 가격신호가 정립되어야 온실가스 감축투자의 경제적 동기와 기술개발의 유인이 발생한다.

우리나라처럼 에너지요금에 대한 정부통제로 탄소비용과 연료비를 포함한 가격신호가 수요자에게 전혀 전달되지 않으면 수요자의 직접적인 수요절약은 물론 대규모 절감효과를 유발하는 수요관리사업도 활성화되기 어렵다. 선진국에서 급성장하고 있는 에너지절약전문기업(ESCO)이 유독 한국에서만 지지부진한 것은 그 단적인 증거다. 또한 공급측면에서 저탄소형 기술 및 설비투자 비용이 에너지요금을 통해 제대로 회수하지 못하는 상황에서는 탄소중립을 위한 산업혁신과 기술개발도 기대하기 어렵다.

역대 정부가 두 차례의 도전적인 온실가스 감축목표를 선언하고 유의미한 정책들을 추진했지만 기대만큼 효과를 거두지 못한 것은 전력, 가스, 열 등 정책적으로 결정되는 에너지요금이 탄소비용과 연료비를 포함하는 시장원가대로 책정되지 못했기 때문이다. 이런 차원에서 에너지가격에 대한 정부의 직접개입 및 통제는 탄소중립의 가장 큰 애로요인이다.

▌독립 에너지규제위원회와 정책 거버넌스 개혁

주요 선진국의 경우 전기 등의 에너지가격은 경쟁시장에서 결정되고 정부는 에너지시장이 담당하기 어려운 탄소중립 등의 에너지정책을 추진하고 정책 부처와 독립적인 별도의 에너지규제위원회가 에너지시장을 감시하고 규제하는 방식, 즉 정책-규제-시장의 '삼권분립형 거버넌스'로 되어 있다. 이에 비해 우리나라는 정부정책과 가격규제 그리고 시장사업자 등이 정부 및 공공부문으로 구성되는 '삼위일체형 거버넌스'로 되어 있어 사실상 정부가 에너지요금 결정을 포함하여 모든 정책을 주도하고 있다(〈그림〉 참고).

물론 과거 개발연대기에 경제성장을 위한 저렴한 에너지의 안정적 공급을 위해 공기업이 중심이 되어 전기, 가스, 열 등을 공급해왔다. 특히 정부는 『전기사업법』과 『물가안정에 관한 법률』에 기

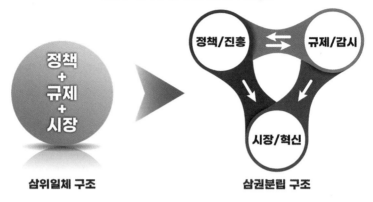

<그림> 에너지 정책거버넌스의 개선방안

정책
+
규제
+
시장

삼위일체 구조

정책/진흥   규제/감시

시장/혁신

삼권분립 구조

반하여 공공요금으로서 전기 등 에너지가격을 주무부처(산업통상
자원부)가 물가 당국(기획재정부)과 협의하여 승인하는 방식으로 결
정하고 있으며 이러한 과정에 집권정부와 국회 등 정치권이 자동적
으로 개입하게 된다. 이러한 정책 거버넌스 하에서 에너지가격은
'탄소비용'보다 '물가안정', '시장원리'보다 '정치논리'에 좌우될 가
능성이 크다. 실제로 우리나라 전기 등 에너지요금은 선거나 국정
운영 과정에서 여야간 정쟁의 단골 메뉴로 등장하였고, 물가안정
이나 산업경쟁력을 이유로 탄소비용은커녕 연료비도 제대로 반영
하지 못하는 경우가 많았다.

　최근 탄소중립과 RE100의 흐름에서 알 수 있듯이 온실가스 감
축과 경제성장을 병행하고 산업의 국제경쟁력을 높이기 위해서는
저렴한 에너지가 아니라 무탄소 에너지가 더 중요하다. 따라서 현
재의 정책 거버넌스로는 탄소중립과 산업혁신을 기대하기 어렵고
거버넌스 개선이 불가피하다. 첫째, 전기, 가스, 열 등 에너지산업
이 공기업 독점구조로 되어있기는 하나 정부 내에서 정책과 규제를

분리하여 국가의 에너지정책 및 계획 등은 정부가 수행하고 요금결정은 독립적인 전문규제위원회가 담당하여 탄소비용과 연료비가 반영되는 원가 중심으로 운영할 필요가 있다. 전술한 두 개의 법(전기사업법과 물가안정에 관한 법률)을 개정하여 현재 산업부 산하의 심의기구에 불과한 전기위원회의 위상과 역할을 확대 및 강화하여 에너지요금 등을 결정하는 권한을 갖게 하면 될 것이다.

둘째, 요금결정 역할과 병행하거나 후속해서 공정한 시장경쟁을 조성하기 위해 전력망이나 가스망과 같은 네트워크 운영이 특정 사업자의 이해에 좌우되지 않도록 전술한 에너지규제위원회의 내부 혹은 이와 별도로 전문규제기구를 둘 필요가 있다. 지금처럼 순환보직의 정부부서가 담당하면 규제자로서 연속성이나 전문성을 갖추기 어려울 뿐만 아니라 선제적이고 중립적인 망 규제 및 운영에 한계가 있다. 물론 원칙상 자연독점으로서 망 네트워크는 한전이나 가스공사와 분리된 독립사업자가 담당하고 전문적인 규제기관이 이를 규제하는 것이 원칙이다. 하지만 우리나라는 정치적 제약조건으로 인해 망 네트워크를 한전이나 가스공사에서 분리하기 어려운 실정이다. 그럼에도 이미 화력발전에는 민간기업이 진출해 있고 다수의 민간 재생에너지 사업자도 진입하는 상황이기 때문에 공정한 시장경쟁을 위해 망의 중립적 운영을 규제·감시하기 위한 전문기구는 필요하다. 특히 전력망의 경우 재생에너지의 보급증가 등으로 발생하는 계통신뢰도와 주파수 및 전압 안정문제에 전문적이고 선제적으로 대비하기 위해서도 필요하다.

▌정책거버넌스 개선의 기대효과

현재 에너지요금 및 망 네트워크에 대한 정책거버넌스를 개선하면 다음과 같은 긍정적인 효과를 거둘 수 있다. 첫째, 정부가 직접 통제하고 결정하는 에너지요금을 독립적인 규제위원회가 결정하는 거버넌스로 전환하면 집권정부의 성격과 무관하게 에너지요금이 탄소비용과 연료비를 반영할 수 있고, 이를 통해 수요와 공급 양 측면에서 탄소감축을 유인하고 산업혁신과 기술개발을 촉진할 수 있다. 또한 에너지요금 현실화를 둘러싼 역대 정부에서 반복되어 온 정치권의 부담이나 소모적인 정쟁을 줄일 수 있다.

둘째, 현재 거버넌스 하에서 일상화된 경제주체들의 기대, 즉 정부가 물가안정과 정치적 부담으로 요금을 인상하지 않고 통제할 것이라는 기대를 변화시킬 수가 있다. 인플레이션 정책의 핵심이 선제적인 이자율 관리로 경제주체들의 기대 인플레이션을 잡는 것처럼 독립적인 에너지규제위원회가 에너지요금을 결정되면 민간부문의 각 경제주체들은 요금동결을 기대하지 않고 탄소중립과 산업혁신을 위한 선제적이고 자율적인 대응을 할 것이다. 모든 혁신과 마찬가지로 탄소중립과 산업혁신도 민간부문의 주도적 역할이 매우 중요하다.

셋째, 독립적인 에너지규제위원회가 탄소비용과 시장원가를 반영하여 요금 결정을 하면 저탄소 혹은 무탄소 에너지의 경쟁력이 높아져 관련 산업이 활성화되고 재생에너지 등 무탄소 에너지의 비용도 저렴하게 될 것이다. 이는 재생에너지 비용부담으로 부진한 우리나라 RE100의 활성화에도 도움이 될 것이다.

끝으로 요금결정 문제에 더하여 망 네트워크에 대한 전문규제기구까지 겸비할 경우 탄소중립과 산업혁신 및 기술개발에 가장 중요한 시장경쟁이 활성화되는 데에도 도움이 될 것이다. 특히 전력망의 경우 재생에너지 증가에 따른 전력공급의 안정성에도 기여할 것이다.

물론 이상의 독립적인 규제위원회 방식이 제대로 성과를 거두기 위해서는 위원회의 법적 위상, 구성 및 운영 그리고 책임 및 권한 등이 명확히 정립되어야 할 것이다. 또한 에너지 규제위원회도 탄소비용과 연료비는 물론 국민경제 및 물가상황도 감안하고 소비자보호와 빈곤층의 에너지복지 등의 대안도 마련하여 공정한 기준과 합리적 원칙하에 운영되어야 할 것이다.

— 〈한국경제의 새로운 도약을 위한 탄소중립 전략보고서(대한상공회의소)〉, 2023.5.

제3부

전력계획과 전력시장의 개혁

    우리나라를 포함하여 모든 국가들의 탄소중립에서 전력부문은 매우 중요한 역할을 담당한다. 화석연료를 대체할 수 있는 무탄소 에너지원이 대부분 태양광, 풍력, 수력, 바이오매스, 소형원전(SMR) 등과 같이 전력형태고 현재 화석연료를 무탄소 에너지로 전환할 경우 대부분 무탄소 전력으로 대체될 가능성이 높다. 이처럼 전력부문은 자체의 탄소중립만이 아니라 기업, 가정, 상업 등의 화석연료를 무탄소 전력로 대체하여 경제 전체의 탄소중립을 견인해야 한다.

    제3부는 이러한 전망하에 우리나라 전력부문의 문제점과 개선과제를 다룬 것이다. 전반부는 정부 전력계획의 문제점과 개선과제, 중반부는 전력산업 및 전력시장 개혁문제, 후반부는 전력시장 개혁 중에서도 근래 전국민적 관심사가 되었던 전력요금에 초점을 맞춘 것이다. 이들 세가지 이슈가 내용상 조금 다르기는 하지만 이들을 관통하는 공통점은 한국경제의 탄소중립은 물론 우리나라 전력정책의 효율성과 형평성을 제고하기 위해서 전력부문에서 정부와 시장간 역할 분담, 특히 '시장기능의 확대'가 필요하다는 점이다.

    주지하는 바와 같이 전력은 필수재로서 소득과 계층에 관련없이 모든 국민들이 안정적인 가격으로 소비할 수 있어야 하고 중장기적으로 무탄소의 전력 생산으로 탄소중립에도 기여해야 하는 공적 성격이 강한 산업이다. 이런 이유로 일부에서 전력부문은 시장이나 사기업이 아닌 국가와 공기업이 주도적 역할을 하고 이끌어가야 한다고 생각하는 경우가 있다. 또는 '국가=공기업=선', '시장=사기업=악'이라는 이데올로기적 이분법으로 전력부문의 국가 및 공기업 주도를 강조하기도 한다.

물론 시장경제가 미성숙해서 대규모 자본조달이 쉽지 않은 개도국 상황에서는 대규모 자본조달과 장기에 걸친 투자회수의 불확실성으로 인해 정부가 직접 주도하고 개입하는 방식이 효과적일 수 있다. 하지만 시장경제가 활성화되고 민간부문이 성장하면 다양한 사업자들이 자신의 책임하에 투자하고 정부는 이들 사업자들간의 공정한 경쟁과 다양한 기술혁신을 유발하기 위해 사업자를 규제하고 감독하는 방식으로 전환하는 것이 일반적이다.

탄소중립 역시 마찬가지로 정부가 온실가스 감축이란 공적인 목표를 설정하고 각 사업자들이 다양한 방식으로 이를 최소비용으로 달성하도록 혁신을 유도하는 것이 바람직하다. 나라별로 약간 차이는 있지만 대부분 OECD국가들도 전력부문이 이러한 정부와 시장간의 역할분담에 기초하고 있고, 그런 분담이 잘 되어 있는 나라일수록 탄소중립이나 온실가스 감축은 물론 전력 신산업도 활발하다.

하지만 우리나라 전력부문은 일부 시장기능이 부분적으로 도입되기는 했으나 전체적으로 여전히 개발연대기의 정부 및 공기업 주도 체제를 그대로 유지하고 있다. 즉 십여년에 걸친 기간의 전원 선정에서부터 각 전원의 발전량에 이르기까지 전력계획을 통해 정부가 일거수일투족 관여하고, 전력산업 및 시장 역시 판매독점으로 공기업 중심의 산업구조가 지속되고 있다.

이러한 판매독점 구조하에서 정부는 독점사업자에 대한 규제와 감시를 위해 전력요금을 통제할 수 밖에 없고, 이로 인해 집권정부의 성격과 무관하게 전력요금은 경제적 원리가 아닌 정치적 논리에 의해 원가이하 수준으로 통제되고 있다. 이런 경직적인 산업구조와 정치적 시장통제하에서 수요절감은 물론 탄소중립을 위한 기술투자와 혁신이 발생하기 어렵다. 화석연료에 의한 전력공급조차 원가이하로 통제되는데 이보다 더 높은 투자와 비용이 소요되는 무탄소 설비투자와 이와 관련된 기술혁신이 활성화될 리가 없다.

이러한 문제의식하에 전반부는 과거 개발연대기에 적합했던 정부의 전력수급기본계획(이하 전력계획)의 부작용과 문제점을 지적하고 전력계획의 성격 전환을 촉구한 글이다. 현재는 수십년간에 걸친 전력수요 전망은 물론 발전설비 공급자체가 전력계획대로 될 수 있는 상황이 아니다. 오히려 전력계획의 전원목표 수치로 인해 지난 십여년간 원전과 재생가능에너지간의 소모적인 정쟁만 유발한 측면이 있다. 따라서 전력계획의 실현가능성도 떨어지고 소모적 정쟁으로 신뢰성마저 하락하는 상황을 타개하기 위해서는 탄소중립과 이를 위한 다양한 미래옵션을 열어두는 차원에서 전력계획의 성격을 확정적 계획(plan)에서 다양한 경로로 미래를 가늠하는 시나리오 전망(outlook)으로 전환할 필요가 있다.

또한 전력시장이 정치적으로 통제되어 원가이하의 요금이 만성화된 상황에서는 수요절감은 물론 수요자의 상황에 걸맞는 요금선택도 여의치 않다. 공급자 역시 요금통제로 인해 투자비 회수도 여의치 않은 상황에서 탄소중립을 위한 획기적인 기술개발과 혁신 역시 기대할 수 없다. 중반부는 이러한 경직적인 산업구조와 정치적 요금통제를 해소하기 위한 방안을 정리한 것이다. 즉 판매부문에 다양한 사업자가 진입하도록 개방하여 경쟁적이고 혁신적인 전력시장을 활성화하고 전문성을 갖춘 중립규제기관으로 하여금 전력시장을 규제하고 감시하는 방안이 바로 그것이다.

후반부는 전술한 전력시장 개혁중에서도 모든 국민의 관심사가 되고 있는 전력요금에 초점을 맞춘 것으로 우리나라 전력요금의 정치적 통제가 유발하는 부작용과 해결방안을 언급한 것이다. 전술한 산업 및 시장구조로 인해 정부의 요금통제가 만성화될 경우 단기적인 수급조정은 물론 중장기 탄소중립을 위한 수급 양측면의 행위변화와 기술혁신이 발생하지 않는다. 또한 최근에 문제가 되었듯이 판매사업자의 적자를 메우기 위한 채권발행이 회사채시장의 블랙홀이 되어 금융시장의 불안정을 유발하고, 고유가로 인해 발전연료 수입이 급증하여 무역수지에 약영향을 주는 등 전력산업은 물론 국민경제의 금융시장과 외환시장까지 부작용을 유발한다. 이 모든 것이 전력시장에 대한 자의적이고 정치적 개입이 유발한 문제다. 이제는 탄소중립은 물론 국민경제의 부담을 덜기 위해서도 산업구조 및 시장개혁을 통해 전력요금 및 시장에 대한 합리적이고 공공적인 규제 체계를 마련할 필요가 있다.

전력계획의 성격전환에서 산업구조 및 전력시장 개혁 그리고 전력요금이 이르기까지 정부와 공기업 중심체제를 혁신하여 정부와 시장간의 역할분담이 제대로 이루어질 때 탄소중립이란 공적 목표와 전력시장의 혁신기능간의 결합 및 시너지효과가 가능하다.

시장의 역할을 이데올로기적으로 배척하는 것이 아니라 시장을
제대로 이해하고 활용하는 것이 진정한 녹색주의가 되기 위한 첫걸
음이다.

새 정부의 에너지계획이
생각해야 할 것들

　새 정부 출범과 함께 일부 법적 근거 문제가 있기는 하나 에너지기본계획과 전력수급기본계획 등 에너지 관련 계획들이 진행 중에 있다. 탄소중립으로 에너지의 전력화가 예상되고 디지털 기술융합으로 전력패러다임이 대전환기에 접어든 점을 고려한다면 새 정부의 에너지계획에서도 전력부문이 핵심분야가 될 것이다. 더구나 역대 정부들의 관련 계획들이 5년마다 급격한 변동을 겪은 데다가 최근 지정학적 문제로 인해 연료가격과 수급안정 모두 상당 기간 문제가 될 것으로 전망되어 새 정부는 전력계획 및 정책수립에 만전을 기할 필요가 있다. 이러한 측면에서 새 정부는 과거와는 다른 관점으로 에너지계획에 접근할 필요가 있다.

　첫째, 급변하는 정책 환경변화 속에서 에너지계획의 중장기 방향성을 설정하되 특정 에너지원과 수치에 집착하지 않는 시나리오 방식을 고려할 필요가 있다. 계획 수립의 출발점이 되는 전력수요 전망만 하더라도 과거와는 달리 4차 산업혁명에 따른 전력수요나 전기차의 전환수요로 인해 미래 전력수요를 정확히 예측하기 어렵다. 여기에 기후변화로 인한 기온 변동에 따른 예측 불확실성이 더해진다. 공급 역시 과거 대형설비 중심의 전원보급과 달리 재생에너지든 여타 설비든 입지 확보와 계통여건상 불확실성이 높다. 이런 상황에서는 하나의 수요전망과 하나의 전원믹스에 의한 단일 경로로 수급계획을 수립하는 것 자체가 계획의 신뢰성과 유연성을 훼손할 가능성이 크다. 일정한 수치 범위 내에 몇 개의 시나리오를 설정하고 주기적으로 롤링하는 방식이 정책 운용의 유연성은 물론 단일경로로 인한 부작용을 피할 수 있을 것이다.

둘째, 이러한 불확실성 증가는 에너지계획의 가장 핵심인 수급 안정이 정부계획만으로 달성하기가 어려움을 시사한다. 수 차례의 에너지계획에서 경험했듯이 정부계획상 어떤 목표를 정한다고 수급안정이 달성되는 것은 아니며, 앞으로 이러한 불확실성은 더욱 커질 것이다. 물론 수급안정을 위한 정부와 계획의 역할은 필요하지만, 앞으로는 시장과 민간의 역할을 좀 더 활용할 필요가 있다. 서로 다른 전망 하의 주체들이 다양하게 대응할 수 있도록 시장의 유연성을 제고하면 정부계획의 수급안정을 보완하면서 다양한 혁신도 가능하다. 이를 위해서는 과거와 같이 전력시장과 산업을 정부가 일방적으로 통제할 것이 아니라 제도개선을 통해 전력시장의 유연성을 높일 필요가 있다. 따라서 새 정부의 에너지계획에서는 당위적 선언이나 구체적 수치보다 전력부문에서 시장과 민간의 역할을 제고하는 제도개선과 로드맵을 제시하는 것이 더 중요하다. 특히 그 출발점으로서 새 정부가 언급한 규제 거버넌스는 어떤 형태로든 변화가 필요하다.

셋째, 탄소중립을 위해 무탄소만 아니라 저탄소 등 다양한 기술

옵션과 방안을 열어둘 필요가 있다. 역대 정부들은 특정 전원이나 기술을 선택하고 이를 무리하게 계획상으로 못박는 편향을 보여왔다. 이러한 정부 선택은 특정 전원을 선호하는 진영에게는 단기간의 정치적 위안이 될지 모르나 50년 에너지대계를 마련해야 하는 전력산업에는 정부실패로 귀결될 가능성이 크다.

탄소중립과 에너지 위기로 전 세계의 에너지 패러다임이 바뀌는 상황에서 한국경제가 탄소중립의 선진경제로 도약하기 위해서는 무엇보다 전력산업이 개발연대기의 정부 주도 패러다임에서 벗어날 필요가 있다. 새 술은 새 부대에 담아야 하듯이 새 정부의 에너지 계획이 과거 방식에서 진일보하여 새롭고 유연한 계획으로 거듭나기를 기대한다.

— 〈에너지데일리〉, 2022.8.11.

전력정책의
'계획'과 '시장'간 균형

　새로운 정부가 곧 출범한다. 지금까지 역대 정부의 에너지정책이 원전과 재생에너지를 둘러싸고 극단적 대립과 소모적 정쟁이 있었지만 한 가지 공통점은 있었다. 바로 '계획/정치구호의 과잉'과 '시장/가격신호의 과소'다. 출범한 새 정부의 정책기조가 어떻게 될지 아직 예단하기 어렵다. 하지만 이전과 같은 기조를 유지하려고 해도 쉽지 않은 상황이 도래하고 있다.

　에너지정책의 핵심인 전력수급기본계획부터 보자. 먼저 수요전망 자체가 4차 산업혁명과 전기차 그리고 산업공정의 전환수요 등으로 전망 시나리오 이상의 의미를 지니기 어렵게 되었다. 이는 전망기법의 정확도 문제라기보다 사안의 성격 자체에 기인한다.

　설령 수요전망을 정확히 하더라도 정부계획으로 그에 부합하는 설비용량을 확보하는 것 역시 어려워졌다. 안정적 용량확보 측면에서 재생에너지는 전통설비와 완전히 차원을 달리한다. 사전 입지계획을 하더라도 향후 십여년간 재생에너지가 어떤 지역에 언제 어느 정도의 규모가 설치될지 가늠하기 쉽지 않다. 더구나 송전망 건설은 지역과 전압에 따라 최소 5년 이상이 걸리지만 태양광 설비 건설은 길어야 1~2년이다. 양자간의 불일치가 생기면 정부계획의 용량확보는 그 의미가 반감된다. 그렇다고 송전계통 미비를 한전의 탓으로 돌릴 수도 없다. 더구나 소매시장의 요금통제로 빈사상태에 처해 있는 한전에게 수십조의 계통 건설과 무제한 접속을 얘기하는 것 자체가 민망한 일이다. 수급계획이든 계통계획이든 '계획과 시장간의 균형'을 잡아야 하는 이유가 바로 여기에 있다.

우선, 수급문제에서 정확한 수요예측과 안정적인 용량확보를 정부계획과 해당부처에게만 책임지울 일이 아니다. 선도 용량시장을 개설하여 시장에서 자율적이고 유연하게 확보하는 방안도 생각해야 한다. 기상 이변과 재생에너지 증가로 계통수요가 요동치는 것도 가격신호에 따른 효율적이고 유연한 수요관리자원으로 대응하면 단기간에 경제적으로 대응할 수 있다. 하지만 소매요금의 정치적 통제가 구조화된 상황하에서 시장원리에 입각한 수요자원이 활성화될 리가 없다. 탄소중립의 최우선 수단이자 4차 산업혁명의 총아인 에너지절약사업(ESCO)이 유독 한국에서만 축소되고 있는 것은 우연이 아니다.

계통문제도 마찬가지다. 무조건 계통을 건설하기 전에 송전여건이 어려운 지역에 차등의 송전비용 등 입지의 시장신호를 주면 사업자들은 발전여건에 수십년간의 추가적인 송전비용까지 고려하여 지역을 선택한다. 이는 설비분산을 촉진하는 효과도 있다. 단순한 비상상황 규칙의 출력제한이 아니라 사전조건 및 계약하에 출력제한이란 시장규칙을 마련하는 것도 방안이다. 일부에서 재생에너지의 출력제한을 깨끗한 에너지가 낭비되고 사업자 이익이

침해되는 것으로 보는 경우가 있다. 이는 문제를 전체 계통이란 '공적 관점'에서 보지 않고 사업자의 '사적 관점'에서 보기 때문이다. 혹은 재생에너지는 '도덕적 선'이고 다른 설비의 전력은 '도덕적 악'으로 보는 이분법일지도 모르겠다.

일정량의 출력제한을 하는 것이 출력제한 없이 모두를 송출하기 위한 계통건설 혹은 보강에 드는 비용보다 경제적이고 계통 안정성에도 도움이 된다. 더구나 재생에너지의 100% 전송을 위해 송전망을 무조건 건설하면 제2의 밀양과 같은 갈등은 어떻게 할 것인가? 물론 불가피한 곳에 송전망은 건설해야 한다. 하지만 그 전에 수요자원 활성화나 송전망 최소화에 필요한 요금신호와 지역신호가 우선되어야 한다.

'전기세'라는 명칭이 시사하듯이 우리 사회에는 전기요금 등 에너지 문제에서 시장보다 정부주도하를 강조하는 경우가 많다. 전력문제와 탄소중립에서 정부의 역할은 필요하다. 그렇다고 무조건 시장과 가격신호를 배격하는 것은 올바른 해법이 아니다. 한때 미국의 급진주의자들이 배출권거래제를 '시장원리'에 입각한 방식이라고 거세게 반대한 적이 있다. 이에 대해 진보주의자이자 생태경제학자 허먼 댈리(H. Daly) 교수가 한마디 한 적이 있다. '배출권거래제는 시장을 숭배하는 게 아니라 도구로 활용하는 겁니다!' 이념과 실용의 차이다. 새 정부 에너지정책의 실용을 기대하는 바이다.

— 〈전기신문〉, 2022.4.22.

'장미의 이름'과
전력수급계획

'장미의 이름!'

이탈리아의 기호학자 '움베르토 에코(Umberto Eco)'가 쓴 세계적인 베스트셀러 소설이다. 대다수 독자들이 알고 있듯이 이는 14세기의 한 수도원에서 발생한 의문의 살인사건을 다룬 추리소설로서 독실한 신앙의 원로 수도사가 희극적인 해학과 풍자를 담은 서적이 그리스도교 신앙에 위배된다는 생각에 그 서적의 페이지마다 독극물을 묻혀 책을 읽는 수도자들을 교묘하게 살인하는 사건을 파헤치는 내용이다.

의문의 사건을 다룬 유명한 추리소설들이 많지만 그 중에도 이 소설이 최상급의 극찬을 받는 것은 흥미 위주의 추리를 넘어 두 인물, 즉 현실을 멀리하면서 독실하고 경건한 신앙을 추구하는 베네틱트파의 원로 수도사(교묘한 살인자)와 현실 속에서 청빈하고 이성적 신앙을 추구하는 프란치스코파의 수도사(사건 수사자)를 통해 당시 수도원운동의 내부 분파, 그 저변에 깔린 중세철학과 근대철학간의 관점 차이를 소설의 내용과 줄거리 속에 논리적이고 탄탄하게 녹여내고 있다는 점이다.

하지만 이 소설이 독자에게 진정으로 전달하려는 것은 이러한 신앙이나 철학간의 어렵고 낯선 논쟁이라기보다 '우리가 확고하게 믿는 가치와 진리를 올바르게 지키는 자세는 무엇인가?'라는 지극히 일상적이고 익숙한 질문이다. 이에 대한 소설의 해답은 다음과 같다.

'그리스도교의 적은 다른 종교에서 나오는 것이 아니다. 이단자가 성인 중에서, 신들린 무당이 선지자 중에서 나오듯이, 그리스도교의 적은 경건 그 자체에서, 하느님 또는 진리에 대한 지나친 사랑에서 나온다...(중략)... 진리에 대한 지나친 집착에서 우리 자신을 해방시키는 일이 유일한 진리다.'

엄격하고 진지한 신앙을 추구하는 원로 수도사는 그 '불온한(sic)' 서적을 어떻게 하든 다른 수도사들이 읽지 못하게 하는 것이 그리스도교를 위하는 길이라고 생각했지만, 그 신앙에 대한 지나친 집착으로 오히려 그리스도교에 어긋나고 내부의 적이 된 셈이다. '자신이 믿는 가치와 진리에 대한 지나친 집착에서 벗어나는 것!' 이는 어쩌면 14세기 소설 속의 수도원만이 아니라 21세기 현실의 한국 정치와 사회 그리고 에너지문제에도 해당되는 것은 아닐까?

최근 정부는 서둘러 전력수급기본계획을 수립하고 있다. 시대 상황 변화에 따라 필요한 계획은 세워야 한다. 하지만 기우인지는 모르나 우려의 시선 역시 적지 않다. 역대 정부를 거치면서 거의 십여년간 원전과 재생가능에너지가 정치적 스크럼을 짜서 치열한 정쟁을 벌였기 때문이다. 물론 두 가지 전원은 우리나라 탄소중립에 각각의 역할이 있고, 각자가 내세우는 가치와 진리에 나름 근거도 있다. 문제는 과거 '원전 올인'과 '탈원전' 과정에서 서로 적대시하고 상대편의 전횡으로 자신들이 피해를 보았다고 생각하는 것이다. 되돌아보면 그런 측면이 없지는 않았다. 하지만 각 진영이 믿는 가치와 진리에 대한 지나친 집착이 그 피해를 자초한 측면은 없는지 한번 되돌아 볼 필요가 있다. 과도한 원전 59%가 무리한 재생가능에너지 30%를 유발하고, 이것이 또 다른 지나침을 야기할 가능성 말이다.

외형상 첨예한 대립각이지만 양자 간에 유사한 점은 또 있다. 우리나라에서 두 가지 전원 모두 주민수용성 해결을 위한 공권력 개입 및 사고위험 공유 혹은 보급 촉진을 위한 보조금 지급 등 정부의 지원 없이는 시장에서 제 발로 서기 어려운 존재들이다. 그래서인지 양쪽 모두 자신의 '실력이나 경쟁력'보다는 정치적 밀물이 들어올 때 일단 큰 배를 띄우고 보자는 식으로 '정권이나 권력'에 기대려는 성향 역시 적지 않다. 정치적 썰물이 되면 현실이란 암초 위에 덩그러니 걸려 좌초하더라도. 그 좌초를 상대편 탓으로 돌리는 것도 비슷하고, 정부주도의 개발연대기를 한참 지난 상황에서 정부계획에 원하는 수치를 넣어 놓으면 그대로 될 것이라고 믿거나 자족하는 것도 비슷하다.

소설의 제목이 '장미의 이름'이지만 정작 '장미'라는 단어는 소설의 끝 문장에 가서 등장한다. "지난 날의 장미는 이제 그 이름뿐, 우리에게 남은 것은 그 덧없는 이름뿐." 소설 얘기로 글을 시작했으니 마무리도 그 패러디로 하자. "지난 날의 '장밋빛 수치'는 이제 그 이름뿐, 우리에게 남은 것은 그 '덧없는 정쟁'뿐." 기왕에 시작한 전력수급기본계획이니 이번에는 각자가 믿는 가치와 진리에 대한 지나친 집착은 없는지 스스로 되돌아보는 계기가 되었으면 한다.

— 〈전기신문〉, 2023.8.25.

전력수급계획의 한계와
계획방식의 전환

　최근 제11차 전력수급기본계획의 실무안이 발표되었다. 이번 계획은 이전 계획에 비해 기법이나 내용상 개선된 측면이 있다. 수요 측면에서 신규 수요를 세분화하여 전망한 것이라든지 수요관리의 분류체제를 정비하고 M&V에 기반하여 수요관리의 이행력을 개선하려는 것 등이 그 사례다. 공급 측면에서는 지난 십여년 동안 가장 논란이 되었던 특정 전원에 대한 편향을 의식한 흔적이 있고, 일부 열병합설비를 둘러싼 논란은 있지만 오랜 기간 전력수급기본계획의 틀 밖에 있었던 집단에너지설비가 계획의 틀 안으로 들어온 것도 개선이라고 할 수 있다.

　하지만 동 계획의 기법이나 내용상 개선이 동 계획의 현실 적합성이나 실현 가능성 제고를 의미하는 것은 아니다. 대다수 계획들과 달리 전력수급기본계획에서 이처럼 계획상의 개선과 계획의 실현가능성간에 괴리가 발생하는 이유는 무엇일까?.

　우선, 수요전망의 여건이 과거와 판이하게 달라졌다. 특히 탄소중립과 4차 산업혁명에 따른 신규수요 전망(전기화, 데이터센터, 첨

단산업 등)은 정책요인의 변동성 등으로 예측이 매우 어렵고 특히 증분 수요전망은 추세전망에 의한 모형수요와 성격이 다르고 신뢰성도 다르다.

둘째, 설비계획의 구현 역시 이전에 비해 불투명하게 되었다. 과거에는 소수의 전통설비를 정부계획하에 공기업 주도로 건설하는 것이 가능했지만, 현재 상황에서는 재생가능에너지 등의 소규모 분산적 성격으로 인해 정부나 공기업이 전담 혹은 주도하기 어렵게 되었다. 대형원전 증설 역시 과거보다 건설이행이 어려워졌다.

셋째, 수요전망이나 설비계획보다 더 큰 문제는 계통보강이다. 우리나라의 수급 입지여건상 이번 계획의 주력전원인 원전이나 재생가능에너지 모두 계통보강이 전제되지 않으면 무용지물이 되기 때문이다. 하지만 우리나라 계통망은 이미 포화상태고 강원 등 곳곳에서 계통제약이 심화되고 있다. 이미 수년전에 완공되었어야할 계통망 건설도 현재 계속 지연되고 있다. 앞으로 전력관련 계획에서 가장 중요한 것이 수요전망과 설비계획이라기보다 안정적인 계통망 확보일 것이다.

이러한 전력산업의 상황 변화에 비추어 볼 때 과거처럼 십여년간 전력수요를 예측하고 이에 부응하여 정부가 전원믹스를 결정하고 소수의 공기업이 실행하는 방식은 수요전망 자체가 어렵고 소규모 무탄소 설비가 중심인 탄소중립시대에 적합하지 않다. 더구나 설비의 제반 특성변화로 계통망 구성 자체가 완전히 달라지고 건설 역시 점점 어려워지고 있다. 물론 탄소중립시대에 정부의 역할은 어느 시기보다 중요하다. 하지만 그 역할은 시장이 스스로 할 수 없는 탄소중립의 목표를 선도하면서 이를 위한 시장조성 및 활성화와 제도개선에 주력하고, 구체적인 투자와 실행은 다양한 시장참여자들의 책임과 판단에 따르는 방식이 바람직하다. 그런 차원에서 이번 계획이 언급하고 있는 사업자간 경쟁에 기초한 무탄소설비 확보는 문제제기 수준이지만 그 자체로 의미가 있다. 전력부문에서 가장 중요한 계통망 보강 역시 망의 공공성을 전제로 다양한 사업자들이 참여하는 방식을 고려할 필요가 있다.

이른바 한국경제의 탄소중립의 핵심이라고 할 수 있는 전력부문이 현재의 계획 방식으로 지속되면 계획의 실현가능성은 점점 떨어지고, 우리가 이미 경험했듯이 계획의 불확실하고 편향된 수치를 둘러싼 무의미한 정쟁에 휘둘릴 가능성이 높다. 이제 전력수급기본계획도 수급 양 측면의 근본적인 변화가 발생한 탄소중립시대에 부합하게 경직적이고 불확실한 실행계획에서 벗어나 미래 전력수급의 시나리오 전망 성격으로 전환하고 다양한 시장참여자의 노력과 혁신에 의존하는 것이 바람직하다. '새 술은 새 부대에 담는다'는 말은 지금 전력수급기본계획 상황에 딱 맞는 말이다.

— 〈에너지데일리〉, 2024.6.21.

탄소중립의 기로에 선 전력산업
- 두 개의 '3D' -

모두가 알고 있듯이 향후 에너지분야의 가장 큰 화두이자 과제
는 '탄소중립'과 '에너지안보'다. 각 나라의 에너지 여건에 따라 양
자가 단기적으로는 상충할 수 있겠지만 중장기적으로 두 과제는
서로 보완적으로 진행될 가능성이 높다.

탄소중립의 가장 강력한 수단인 수요절약은 에너지안보에도 매
우 중요하고 분포지역의 편중이 심한 화석연료 사용을 가능한 줄이
는 것 역시 에너지안보에 도움이 된다. 이러한 중장기적 과정에서
현재 사용중인 화석연료의 상당량은 무탄소의 전력으로 전환되는
에너지의 전력화도 가속화될 것이다. 이런 측면에서 보자면 증가
하는 전력수요의 절약과 무탄소 전력공급의 확대 등 전력산업의
일대 혁신이 국민경제의 탄소중립과 에너지안보에 핵심적인 역할
을 수행할 것으로 전망된다.

하지만 현재의 전력산업이 이러한 역할을 수행하기 위해서는
수급 패러다임 자체의 일대 혁신이 필요하다. 즉 아날로그 기술하
에 탄소배출의 대형설비에 의한 중앙집중형 체제에서 디지털 기술

하에 무탄소 설비의 분산형 수급체제, 즉 '디지털화(Digitalization)', '탈탄소화(Decarbonization)', '분산화(Decentralization)'라는 3D로의 패러다임 전환이다.

일례로 '탈탄소화'의 측면에서 획기적인 수요절약이 필요하고 공급 역시 간헐성의 재생에너지 확대가 필요하다. 이러한 수급 양 측면의 상황 변화에 효과적으로 대응하고 안정적으로 계통운영을 하기 위해서는 사물인터넷이나 인공지능 등의 '디지털화'는 필수적이다. 여기에 에너지의 전력화로 전력수요가 지속적으로 증가할 경우 송전망 증설의 심각한 갈등과 불확실성도 발생할 가능성이 높다.

지금까지 십여년 동안 우리 사회가 증가하는 전력수요를 재생가능에너지로 할 것인가 원전으로 할 것인가를 놓고 정쟁을 벌였지만, 정작 중요한 문제는 수요과 공급설비의 '분산화' 문제다. 우리 여건상 재생가능에너지든 원전이든 모두 수도권에서 먼 지역에 집중되어 있어 대규모 송전망 추가건설을 유발하기 때문이다. 따라서 송전망 갈등과 불확실성을 미연에 방지하고 안정적인 전력수급을 위해서는 수요 및 설비공급의 '분산화'가 불가피하다.

하지만 이러한 '새로운 3D'의 패러다임 전환이 자동적으로 이루어지지 않는다. 정책변화와 함께 모든 이해관계자 엄청난 혁신 노력이 필요하며, 그 전환의 첫 단추는 바로 전력시장의 개혁이다. 우선, 탈탄소화를 위해서는 전력 등 에너지요금에 탄소비용을 반영하는 강건한 '탄소신호'가 필요하다. 현재와 같이 전력요금에 대한 정치 개입이나 물가 통제만 일상화되는 상황 하에서는 획기적인 수요절약이나 탄소저감의 디지털 신기술이 활성화되기 어렵다. 둘째, 분산화를 위해서는 수요와 공급의 양 측면에서 전력요금의 '지역신호'를 강화해야 한다. 수도권에 집중되는 데이터센터 등 대규모 신규전력수요를 가능한 지역으로 분산시키고, 수도권내에 설치 가능한 분산형 설비에 경제적 유인을 제공해야 한다. 셋째. 디지털화를 위해서는 신산업과 신기술이 전력시장에 활발히 진입할 수 있도록 시장개방과 함께 기술개발 및 투자에 대한 안정적인 비용회수 및 다양한 세제혜택 등의 '유인 신호'를 마련해야 한다.

어떤 일이든 첫 단추를 잘 꿰어야 이후 과정이 순조롭게 진행되듯이 새로운 3D의 패러다임 전환을 위해서는 전력시장의 올바른 신호정립이 우선되어야 한다. 중요한 전력시장의 개혁은 소홀히 한 채 소모적인 정쟁만 반복하면 현재의 체제, 즉 환경에 유해한 탄소배출(Dirty), 아날로그 방식에 의한 기술적 애로(Difficult), 불확실한 송전망으로 인한 에너지수급 및 안보상 위험성(Dangerous)이 증가하는 '낡은 3D'의 패러다임에서 벗어나기 어렵다. 그런 의미에서 지금 우리 전력산업은 '새로운 3D'냐 '낡은 3D'냐의 절체절명의 기로에 서 있다. 우리에게 주어진 시간을 그리 많지 않다. 오는 새해에는 패러다임 전환의 첫 단추가 잘 채워지길 기대한다.

— 〈투데이에너지〉, 2022.12.26.

전력산업의
'캄브리아기'를 위하여

모두가 알고 있듯이 찰스 다윈이 쓴 『종의 기원』은 인류역사에 남을 기념비적 저작중 하나이다. 유전학이 본격적으로 발달하기 이전임에도 단순한 생명체가 유전적 변이를 통해 다양한 생명체로 진화하는 과정을 엄청난 자료와 세심한 관찰을 통해 과학적으로 증명했기 때문이다. 이런 통찰력의 석학인 다윈도 평생 풀지 못한 골치 아픈 문제가 하나 있었는데, '캄브리아기 폭발(Cambrian Explosion)'이 바로 그것이다.

장구한 기간동안 아주 극소수의 단순한 생물종만 존재하던 것이 '캄브리아기'에 와서 다양한 상위의 생물종들이 갑자기 폭발적으로 증가했기 때문이다. 진화론에 입각한 이에 대한 해석은 현재까지도 여러가지 설이 있고, 심지어 일부에서는 이를 진화론을 부정하는 창조론의 증거로 삼기도 한다. 이러한 논란에도 하나 분명한 것은 '캄브리아기 폭발'이 있었기에 현재와 같이 다양하고 경이로운 생물종들이 존재할 수 있었고, 이러한 생물종 다양성은 자연생태계의 안정성을 제고하는 가장 중요한 요소라는 점이다. '기후변화'와 함께 '생물종 다양성'이 21세기 지구환경보전의 화두인 것도 이와 무관하지 않다.

이러한 진화적 다양성은 자연생태계를 넘어 인간사회에도 여러모로 시사적이다. 경제활동에도 다양성이 있어야 안정성을 유지하면서 새로운 변이와 혁신이 가능하기 때문이다. 최근 탄소중립 기조하에서 위기를 겪고 있는 전력산업에서 몇가지 사례를 찾아보자.

현재 유럽의 전력가격 폭등을 유발한 가스물량 위기는 수입지역의 다양성을 무시하고 러시아에 과도하게 의존한 결과이다. 다행히 우리나라는 유럽에 비해 특정지역의 편중이 크지 않고 수입대상 국가도 다양하다. 여기에서 한 걸음 더 나아가 전력수급기본계획의 매우 불확실한 가스발전량에 강하게 구속되어 있는 가스공사의 물량도입에 더하여 직도입자에게 비축의무 및 비상시 의무를 부여하고 국내거래를 허용하면 수입지역은 물론 도입주체 및 국내거래의 다양성과 안정성을 제고할 수 있을 것이다.

전원믹스도 마찬가지다. 아무리 탄소감축이 지상과제라도 역대 정부들처럼 재생에너지 혹은 원전에만 치중하면 유사시의 안정성이나 대응력이 떨어진다. 저탄소 형태의 석탄이나 가스복합을 일정 비율 유지하여 불확실한 미래 상황에 안정적으로 대비하고 재생에너지도 태양광 중심에서 다변화하고 원전도 SMR 등으로 다양화할 필요가 있다.

전력산업에서 다양성이 가장 떨어지는 분야는 전력시장이다. 최근 한전 적자문제와 연관하여 거론되고 있는 도매시장의 경우 중장기시장이나 실시간 시장없이 하루전 시장 하나만 달랑 있어 리스크 관리 자체가 불가능하다. 또한 경제적 및 기술적 특성이 전혀 다른 발전원을 하나의 SMP 기준으로 정산하는 관계로 정산조정계수나 재생에너지 정산논란 등 여러가지 문제가 발생하고 있다. 이런 이유로 일부에서 SMP 기준 및 도매시장 철폐 주장까지 나오고 있다.

하지만 문제의 핵심은 SMP 기준이나 도매시장 자체라기보다 소매독점 규제로 인해 도매시장이 왜곡되어 있다는 데에 있다. 더구나 현재의 도매시장에 문제가 있다고 해서 기존 거래와 관련 규칙을 고려하지 않고 SMP 기준을 버리는 것은 목욕물을 버리면서 아기까지 내다버리는 것이다. 또한 그 연장선상에서 발전과 판매간 도매거래를 없애고 하나의 통합체제로 하는 것은 캄브리아기 이전으로 되돌아가는 우를 범하는 것이다. 해법은 진화론의 순리에 따라 현행 시장의 다양성 증대, 즉 소매시장의 자율성 제고하에 도매시장을 기간별 혹은 원별로 다양화하고 각 시장에 적합하게 가격입찰 혹은 계약거래 등 다양한 거래방식을 도입하는 것이다.

물론 사례 차원으로 언급했지만 전력산업 전반에 다양성을 제고하는 것은 복잡한 이해관계로 인해 '캄브리아기 폭발'만큼 풀기 어려운 문제다. 하지만 분명한 것은 우리 전력산업도 탄소중립과 에너지안보 시대에 즈음하여 '다양성의 폭발'이 이루어지는 캄브리아기로의 진입이 필요하다는 점이다. 이는 전력산업의 안정성을 제고하면서 전력 신산업과 일자리를 창출하고 탄소중립을 혁신적으로 구현하는 공공성의 진화과정이기도 하다. 다윈은『종의 기원』의 마지막 페이지를 다음의 글귀로 장식하고 있다 "단순한 발단에서 극히 아름답고 경탄할 만한 무한의 형태가 생겨나고 지금도 계속 진화하고 있다는 이러한 견해 속에는 장엄함이 깃들어 있다."
전력산업의 진화에는 탄소중립과 에너지안보라는 장엄함이 깃들
어 있다.

― 〈전기신문〉, 2022.9.30.

탄소중립을 위한
전력시장의 규제개선

▌한국경제의 탄소중립에서 전력부문이 매우 중요하다

지구온난화를 방지하기 위한 탄소중립으로 에너지 문제가 모든 국가의 중요한 이슈로 부각되고 있다. 한국경제도 지난 정부에서 도전적인 2030년 온실가스 감축목표와 함께 2050년 탄소중립을 국제사회에 약속하였다. 한국경제가 탄소중립을 달성하려면 연간 약 7억톤 내외의 탄소배출량을 약 0.4억톤 내외의 탄소흡수량(산림 등에 의한 흡수) 수준으로 줄여야 한다. 이는 한국경제의 산업, 수송, 가정 및 상업부문이 사용하는 석유, 석탄, 가스 등의 화석연료는 물론 이들 부문이 사용하는 전력도 대부분 무탄소 에너지로 전환해야 함을 의미한다.

이 가운데서도 전력은 매우 중요한 의미를 지닌다. 우선, 현재 대부분 국가들처럼 우리나라도 전력부문이 전체 온실가스 배출량에서 차지하는 비중(30% 초반 내외)이 제일 높다. 산업부문이 그 다음으로 높지만 우리나라는 에너지 다소비형 제조업이 많고 저탄소형 산업구조로 전환하는 데에 상당한 시간이 걸릴 것으로 판단된다. 수송부문은 화석연료를 사용하는 내연기관이 대부분이고 친환경차 보급에도 장기간이 소요될 것으로 판단된다. 이는 중단기적으로 한국경제의 탄소감축을 위해서는 전력부문이 선도적 역할을 해야 함을 의미한다.

둘째, 장기적으로 산업, 수송, 가정 및 상업부문이 사용하는 화석연료가 점차 전력으로 전환될 것으로 전망된다(이른바 '에너지의 전력화'). 탄소의 포집·활용·저장(carbon capture utilization and storage)으로 화석연료를 계속 사용할 수도 있지만, 소요비용과 저장장소의 불확실성으로 인해 상당량의 화석연료는 태양광, 풍력, 원전과 같이 무탄소 전력에너지로 전환될 가능성이 높다.

실제로 가정 및 상업부문의 냉·난방은 이미 전력으로 많이 전환되었고, 수송부문은 최근 전기차 보급으로 석유에서 전력으로 전환하는 초입 단계에 있다. 산업부문이 사용하는 화석연료 역시 장기적으로 무탄소 전력이나 이를 전환한 수소형태로 바뀔 가능성이 높다. 한국경제가 사용하는 화석연료가 대부분 전력 형태로 전환된다면, 우리나라 전력수요는 지금보다 최소 2배 이상 증가할 것으로 보인다. 이상의 두 가지 요인을 감안해 볼 때 사실상 전력부문이 한국경제의 중단기 탄소배출 저감 나아가 장기 탄소중립을 좌우한다고 해도 과언이 아니다.

▌전력부문의 탄소감축을 위해서는 전력수요 절약이 제일 중요하다

현재와 미래의 전력수요를 무탄소 전력으로 공급하여 탄소배출을 줄이는 데에는 당연히 많은 시간과 비용이 소요된다. 설령 대량의 전력을 무탄소로 생산하더라도 이를 수요지로 보내기 위해서는 지금도 부족한 송전망의 추가 건설이 필요하다. 이미 경험했듯이 인구 밀도가 높고 협소한 우리 국토여건 하에서 대규모 송전망의 추가 건설은 극심한 사회적 갈등을 유발한다.

따라서 탄소배출 감축은 물론 송전망 건설의 최소화를 위해서는 전력수요를 절감하는 것이 최선의 방책이다. 전 세계의 모든 국가들도 탄소 중립의 가장 효과적이고 경제적 수단으로 전력수요 절약을 강조하고 이를 최우선적으로 추진하고 있다. 더구나 지정학적 문제로 국제 연료가격이 폭등하고 수급위기가 발생하는 상황에서 전력수요 절약은 탄소배출 감축을 넘어 연료수입감소를 통해 무역수지 안정과 에너지 안보에도 기여한다.

전력수요를 획기적으로 절약하기 위한 전제이자 핵심은 바로 전력시장의 가격신호, 즉 전력요금이 시장원가와 외부비용인 탄소비용을 반영하는 것이다. 전력요금이 시장원가를 넘어 탄소비용까지 반영해야 탄소 저감을 위한 수요 절감이 가능하고, 이와 관련된 기술 및 설비투자도 활성화된다. 전 세계 모든 국가에서 '탄소가격 신호(carbon pricing)'를 탄소중립의 핵심으로 거론하는 것도 이와 무관하지 않다.

우리나라도 역대 정부 모두 예외없이 탄소배출 저감을 위한 수요절약을 강조하고 이를 위한 감시와 단속 등의 수단을 동원했지만 큰 성과를 거두지는 못했다. 그 주된 요인은 정부가 전력시장에 자의적으로 개입하고 전력요금을 과도하게 통제했기 때문이다. 주요 선진국에서 전력요금은 전력시장에서 결정되고 정부와 독립적인 위원회가 이를 감시하고 규제하고 있다. 우리나라는 외형상 공기업 한전이 제시하는 전력요금을 정부가 승인하는 것으로 되어 있지만 사실상 정부가 직접 전력요금을 결정한다. 이러한 구조하에서 전력요금은 '시장원리'보다 '정치논리'에 좌우될 가능성이 높다. 실제로 우리나라 전력요금은 선거 득표나 여야간 정쟁의 단골 메뉴로 등장하였고, 물가안정이나 산업경쟁력을 이유로 탄소비용은커녕 발전연료비도 제대로 반영하지 못하는 경우가 많았다.

이렇게 시장원가와 탄소비용이 가격신호를 통해 수요자에게 전혀 전달되지 않는 구조 하에서는 수요자의 직접적인 수요절약은 물론 대규모 절감효과를 유발하는 기술개발과 설비투자를 기대하기 어렵다. 선진국에서 급성장하고 있는 에너지절약전문기업(ESCO, Energy Service Company)이 유독 한국에서만 지지부진한 것은 그 단적인 증거다. 탄소중립 시대에 걸맞은 획기적인 수요절약은 홍보나 단속이 아니라 절약기술 및 설비의 시장산업화를 통해 가능하다. 이런 차원에서 전력시장에 대한 정부개입과 통제는 탄소중립의 핵심인 수요절약의 가장 큰 장애요인이다.

▎무탄소 전력로의 전환을 위해서는 발전원간의 균형이 중요하다

전력수요 측면에서 수요절약이 중요하지만, 공급측면에서는 무탄소 발전설비를 확대하는 것이 핵심이다. 우리나라도 역대 정부를 거치면서 무탄소 발전원으로 원전 혹은 재생에너지의 확대를 의욕적으로 추진한 바 있다. 그 의도와 배경은 이해가 되나 정부의 성향에 따라 특정 전원의 쏠림현상이 심했다고 판단된다. 따라서 우리의 현실 여건하에서 안정적으로 저탄소 전력을 확대하기 위해서는 발전원간의 균형이 필요하다.

우선, 원전의 경우 과거 저탄소 녹색성장의 일환으로 전력공급의 60%를 원전으로 달성한다는 정책을 추진한 바 있다. 주민 수용성은 차치하고 우리나라 계통여건상 출력조절이 어려운 원전을 그처럼 과도한 비중으로 높이는 것은 불가능하다. 최근 새 정부 출범으로 원전 역할을 제고하는 논의는 필요하나 일부에서 언급하는 대형 원전의 추가 건설은 송전망 문제와 주민수용성 문제로 불확실성이 매우 높다. 계속 증가하는 방사성 폐기물(사용후 핵연료)의 안전한 최종처분 문제도 원전이 해결해야 할 또 다른 제약조건이다. 물론 기존 원전은 2030년 감축목표 구현과 전력부문의 선도적 감축을 위해 안전성을 전제로 한 계속운전을 고려할 필요가 있다. 이와 함께 탄소중립을 위한 원전의 미래 옵션으로 소형 원자로(small modular reactors)의 기술개발도 병행해야 한다.

둘째, 지난 정부에서는 탈원전 기조하에 원전과 화력발전 등 모든 전통발전원을 배척하고 재생에너지를 최우선으로 강조한 바 있다. 다른 OECD국가에 비해 우리나라의 재생가능에너지 보급이 저조하여 획기적인 확대가 필요한 것은 사실이나 현재 여건상 중단기적으로 급속한 확대는 쉽지 않다. 경제적 측면에서 재생에너지의 발전단가가 지속적으로 하락하고는 있으나 우리나라에서는 여전히 전통전원에 비해 비싸다. 입지 측면에서 태양광은 호남 등 특정지역에 집중되어 전력수요가 집중된 수도권으로 송전이 여의치 않으며, 육상 및 해상풍력에 적합한 지역은 자연보전지역이나 어민의 생활터전인 어업권 지역이어서 갈등과 불확실성이 크다.

무엇보다 결정적인 제약조건은 우리나라가 외국과 전력망이 연결되어 있지 않은 고립계통이어서 기후여건 악화로 대량의 태양광이나 풍력발전이 불가능하게 될 경우 이를 긴급히 대신할 전력을 외국에서 송전받을 수가 없다는 점이다. 또한 우리나라 재생가능에너지의 산업적 기반이 취약하여 산업육성 및 고용창출이 여의치 않은 점도 있다. 이러한 경제성, 입지 및 계통 그리고 취약한 산업기반을 감안할 때 재생에너지의 무리한 보급목표에 집착하기 보다 실현가능한 목표 하에 산업기반 형성을 병행하는 방안이 현실적이다.

셋째, 무탄소 전력공급이 장기 방향이라고 해서 현재 보유하고 있는 석탄발전과 가스발전을 무조건 축소하거나 배척해서는 곤란하다. 탄소중립 과정에서 발생할 수 있는 전력수급의 불안정에 대비하여 이들 설비를 유지·활용하면서 석탄발전에는 암모니아 혼소, 가스발전에는 수소 혼소의 기술개발로 탄소배출 저감노력을 병행해야 한다.

요컨대 에너지 다소비형 제조업 중심의 산업구조이면서 화석연료나 재생에너지 등 에너지부존 여건이 좋지 않은 한국경제에서 특정 전원을 의도적으로 배제하는 정책은 현실적이지 않을 뿐만 아니라 소모적인 사회적 갈등만 유발한다. 따라서 안정적인 무탄소 전력 확대를 위해서는 특정 전원에 대한 정치적 편향을 제거하고, 중단기적으로 재생에너지의 실현가능한 확대, 원전의 계속운전, 가스발전과 석탄발전의 저탄소화를 모두 활용하는 '과도기적 무지개 전략'을 취할 필요가 있다. 이와 함께 탄소중립의 관건인 혁신적인 탄소저감 기술의 연구개발(R&D)에 최대한 노력할 필요가 있다. 탄소중립 시대의 에너지 신기술은 새로운 성장산업 육성과 일자리 창출에 매우 중요하기 때문이다

수요절약 문제와 마찬가지로 무지개 공급전략에서도 정부의 시장개입과 요금통제는 애로로 작용한다. 재생에너지, 소형 원자로, 화력발전의 저탄소화 기술은 모두 전통전원보다 발전원가가 비싸고 현재와 같이 전력요금이 통제되는 상황에서는 이들 설비의 투자비용이 전력시장에서 요금을 통해 안정적으로 회수되기 어렵다. 전력시장 통제하에 지금까지 진행된 재생에너지 보급 및 탄소저감 비용이 모두 사업자의 적자로 누적되고 있는 것은 그 증거라고 할 수 있다. 이러한 정부의 시장통제 하에서는 무탄소 전력 확대를 위한 과감한 투자와 그 필수조건인 원활한 금융지원을 기대하기 어렵다. 오랜 기간 우리나라가 수요절약보다 공급확대, 공급확대도 탄소저감 설비나 기술보다 저렴한 대형원전과 석탄설비에 치중한 것도 이러한 정부의 요금통제와 무관하지 않다. 정부의 전력시장 개입과 통제가 결과적으로 전력산업 생태계 전체를 저렴한 요금 하에서만 생존가능한 설비 및 기술에 록-인시킨 셈이다.

▎탄소중립의 첫 단추는 전력시장의 규제제도 개선이다

이러한 정부의 개입과 통제가 저렴한 전력의 안정적 공급이 과제

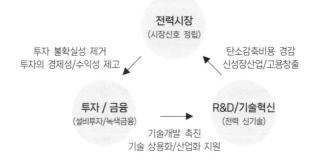

〈그림〉 전력시장의 개혁과 탄소중립의 선순환구조

였던 개발연대기에는 긍정적으로 작용했지만 수요절약과 탄소저
감 설비 및 기술개발이 중요한 탄소중립시대에는 적합하지 않다.
RE100이나 탄소국경조정제도(carbon border adjustment mechanism)
가 시사하듯이 앞으로 산업부문의 국제경쟁력은 저렴한 전력이
아니라 무탄소 전력에 달려 있기 때문에 현재의 시장통제 방식은
전력부문의 탄소중립은 물론 한국경제의 혁신성장에도 적합하지
않다.

따라서 전력부문과 한국경제의 탄소중립을 위해서는 〈그림〉에서
와 같이 시장원가와 탄소비용을 반영하는 '시장신호의 확립', 이에
기초한 수요절약과 무탄소 설비 및 기술에 대한 '과감한 투자와
원활한 금융', 과감한 투자가 촉발하는 '연구개발과 기술혁신'라는
3자간의 선순환 효과를 창출할 필요가 있다. 이러한 전략의 대전제이
자 출발점이 현재의 전력시장에 대한 정부 개입과 통제를 정부와
독립적이고 전문성을 갖춘 위원회의 규제방식으로 전환하는 것이다.

물론 독립적인 규제위원회 방식이 제대로 성과를 내기 위해서는
위원회의 구성, 운영 그리고 권한등이 명확히 정립되어야 할 것이

다. 또한 규제위원회도 시장원가와 탄소비용은 물론 국민경제 여건과 물가수준 그리고 빈곤층의 에너지복지 등을 종합적으로 고려하여 공정하고 투명한 기준과 원칙하에 운영되어야 할 것이다. 이러한 독립적인 규제위원회 방식으로 전력시장 및 요금에 대한 정치적 개입을 줄이고 전력부문의 수급 양측면의 탄소배출 저감에 효과적인 가격신호를 정립할 수 있을 것이다. 이는 정부가 직접 전력요금을 결정하는 것에 따른 정쟁을 피할 수 있는 방안이기도 하다.

탄소배출 감축이 한국경제에 본격적으로 논의되기 시작한 이후 십여년 동안 역대 정부들이 도전적인 온실가스 감축목표를 선언하고 이를 달성하기 위한 전력수요 절감과 원전(저탄소 녹색성장) 혹은 재생에너지(탈원전과 에너지전환)의 공급확대라는 야심찬 정치구호를 내걸었지만 목표를 달성하지 못하거나 관련 정책이 신뢰를 상실한 바 있다. 원인은 복합적이지만 가장 주된 요인은 전력시장에 대한 정부 개입과 통제로 탄소중립에 부합하는 가격신호를 제대로 정립하지 못한 것이다. 지난 십여년의 경험이 웅변하듯이 진정한 탄소중립은 요금 통제하의 정치구호가 아니라 합리적 규제하의 시장신호로 달성된다.

ー〈2023 한국경제 대전망(21세기북스)〉, 2022.11.

전력시장의 위기를
개혁의 기회로 삼아야!

　우크라이나 사태로 인한 연료가격 폭등으로 세계 전력시장이 심각한 위기에 직면하고 있다. 러시아 천연가스에 과도하게 의존하고 있던 유럽의 경우 요금폭등은 물론 공급위기마저 우려하는 상황이다. 이에 비해 상대적으로 우리나라는 전력요금 등이 유럽만큼 피부에 와닿는 위기 상황으로 치닫지는 않고 있다. 유럽에 비해 균형 잡힌 전원구성과 연료수입선의 다변화 등이 일부 작용한 결과일 것이다.

　얼핏 유럽에 비해 나아 보이지만 속을 들여다보면 우리나라 전력시장 역시 심각한 위기가 아닐 수 없다. 몇 배로 오른 발전 연료가격에 비해 미미한 요금인상과 부진한 수요절약, 이에 따라 지속되는 수입연료 부담과 무역수지 적자, 천문학적으로 증가하는 한전의 적자와 그 적자를 메우기 위한 채권 발행에 모 지자체의 해프닝까지 가세한 채권시장의 경색 등 위기 징후가 한 두 가지가 아니다. 전력시장의 위기가 금융 및 외환시장 등 국민경제 전반으로 번져나가는 상황이다.

이런 위기상황 속에서 최근 정부는 논란이 되어 왔던 도매시장의 상한제라는 카드를 꺼내 들었다. 소매시장의 통제로 인해 발생한 문제를 도매시장에 대한 통제로 대응하는 이른바 '이중 통제'인 셈이다. 물론 우리 전력시장과 국민경제가 처한 상황에서 일면 이해가 되는 측면이 있고, 정부도 이것이 근본적인 처방이 아니라는 것을 잘 알고 있을 것이다. 설령 이런 일시적 대책이 불가피하다고 하더라도 더 중요한 점은 이를 어떻게 근본적인 처방으로 연결할 것인가의 문제다.

그 근본적인 해법은 전력시장의 이중 통제, 즉 소매시장과 도매시장에 대한 정부개입과 시장구조를 개선하는 데에 있다. 우선 소매시장에 대한 정부의 과도하고 직접적인 통제를 해소해야 한다. 연료가격이든 탄소비용이든 소매요금에 반영이 되어야 다양한 방식의 수요절약과 에너지 안보에도 도움이 된다. 그래야 탄소배출은 물론 연료수입과 무역적자를 줄이고 환율상승에 따른 수입물가 상승압력도 완화할 수 있다.

도매시장 역시 중장기시장이나 실시장 시간이 없이 하루전 시장 그것도 천연가스 가격에 의해 결정되는 SMP 기준이라는 하나의 시장과 기준으로는 가격변동 위험에 대비하기 어렵다. 더구나 원전이나 재생에너지와 같이 연료비 성격이 전혀 다른 전원을 천연가스 가격에 직간접으로 연동해서 거래해서는 곤란하다. 원전, 화력발전, 재생에너지 등 특성이 다른 전원의 경우 기간별 및 원별로 시장거래를 다양화하여 정부의 직접 통제가 아닌 시장거래 다양성을 통해 가격이나 물량 위험에 대응하는 것이 바람직하다.

물론 이러한 전력시장 개혁논의가 어제오늘 일이 아니라 오랜 기간 제기되고 논의된 바 있다. 그런데도 그동안 제대로 개선하지 못한 것은 다양한 이해관계자들 간의 합의를 끌어내고 이를 합리적으로 풀어갈 여야 간의 정치적 노력과 의지가 부족했기 때문이다. 오히려 역대 정부에서 종종 반복되었듯이 전력요금 인상의 원인을 놓고 소모적인 정쟁을 벌이는 경우가 더 많았다. 하지만 현재 전력시장의 문제는 일시적인 것이 아니라 구조적이고, 우크라이나 상황이 종료되더라도 탄소중립과 에너지안보를 위해서는 반드시 해결해야 할 과제다. 더구나 현재의 전력시장구조 자체가 탄소중립이나 에너지안보를 떠나 선진국 문턱에 진입한 한국경제의 수준에 비해 너무 낙후된 구조이다. 차제에 정부와 정치권 그리고 이해관계자들이 서로 머리를 맞대고 이번 전력시장의 위기를 우리나라 전력시장을 선진화시키는 기회로 삼아야 한다. 위기는 '위험과 기회'의 합친 말이다.

－〈에너지데일리〉, 2022.11.4.

하버드 학파와
'원가연계형 전기요금제'

　지금은 여러가지 측면에서 비판을 받고 있지만 경제학의 시장구조 문제와 관련하여 하버드 학파의 유명한 'S-C-P 이론'이란 것이 있다. 기업의 '성과(Performance)'는 기업의 '행태(Conduct)'에 좌우되고 기업의 행태는 다시 시장의 '구조(Structure)'에 의해 영향을 받는다는 '구조(S)→행태(C)→성과(P)'의 인과관계를 강조한 이론이다. 지나치게 단선적 논리구조라는 점에서 학술 논쟁을 유발했지만, 기업의 성과에 문제가 있으면 기업의 행태를 바꾸고 그것이 안되면 시장구조를 바꾸어야 한다는 점이 그 이론의 정책상 시사점이다. 최근 도입된 원가연계형 전기요금제의 상황을 보면서 하버드학파의 이론을 떠올리게 된다.

　우리나라의 전기요금은 국제가격 변동에 따른 연료비용이나 온실가스 감축의 환경비용을 제대로 반영하지 못할 정도로 정부 통제를 강하게 받아 왔다. 과거 20세기 정부주도의 개발연대기에는 경제성장을 위해 불가피했고 긍정적인 성과도 있었다. 하지만 21세기 4차 산업혁명과 에너지혁명이 거론되는 상황에서 전기요금의 정부 통제구조하에서 효율적인 에너지 소비와 혁신적인 에너지기술 나아가 탄소중립을 도모하는 것 자체가 시대 상황에 맞지 않고 성과도 기대하기 어렵다.

이런 측면에서 최근 도입한 '원가연계형 전기요금제'는 긍정적이고 진일보한 측면이 있다. 하지만 다음과 같은 문제점 역시 부인하기 어렵다. 첫째, '제도의 신뢰성 문제'다. 전기요금에 대한 정부통제를 완화하기 위해 도입했음에도 지금까지의 운영과정은 과거와 큰 차이가 없어 보인다. 요금동결을 고수하다 대선이후에 요금을 인상하겠다는 여권이나 이를 정면으로 반박하고 요금동결을 공약한 야권의 사례는 새로운 제도의 도입에도 전기요금에 정치적 개입이 여전히 작용함을 의미한다. 제도가 신뢰를 상실하면 시장 참여자들의 행태 변화를 유발하기 어렵다.

둘째, '시장신호의 문제'다. 단기간에 급변하는 연료비에 비해 이를 요금에 반영하는 주기가 지나치게 길고 5원/kWh의 연간 변동폭도 매우 작아 공급원가를 반영하는 전기요금이 되기에는 역부족이다. 하지만 이보다 더 큰 문제는 시장신호로서의 한계다. 수요자는 현재와 향후 가격변화에 반응하지 일년이나 수개월전의 가격에는 제대로 반응하지 않거나 반응상 시차가 발생한다. 또한 공급원가를 대부분 요금에 반영하고 투자보수를 보장받게 되면 이 역시 사업자의 혁신을 유발하는 시장신호가 되기는 어렵다. 그런 측면에서 현재의 원가연계형 전기요금제는 비용변동을 수요와 공급 측면에 전달하는 시장신호의 기능보다는 사업자의 손실발생을 사후적으로 해결하는 재무안전장치에 더 가깝다.

셋째, '시장구조의 문제'다. 원가연계형 요금제도의 도입에도 이처럼 신뢰성을 의심받고 시장신호로서 한계를 보이는 이유는 바로 판매독점이라는 전력시장의 구조때문이다. 전력판매시장이 사실상 독점이기 때문에 정부는 독점사업자의 요금을 통제할 수밖에 없고, 이런 구조하에서는 집권정부의 성향과 무관하게 정치 논리가 항상 개입하게 된다. 최근 경험하고 있듯이 원가연계형 요금제를 도입한다고 이 문제가 근본적으로 해결되지 않을 것 같다.

사업자가 아무리 스스로의 '행태' 변화에 노력하더라도 정부통제하의 전력시장이란 '구조'하에 있는 한 시장원가를 반영하는 유연한 전기요금이라는 '성과'가 나타나기 어려운 상황이다. 필자가 원가연계형 전기요금제를 보면서 하버드학파의 이론을 떠올리게 된 이유다. 하버드학파의 '구조-행태-성과 이론'이 전기요금의 결정방식에 대한 것은 아니다. 하지만 적어도 '성과'가 제대로 나타나지 않으면 '행태'를 바꾸고 그것이 안되면 시장의 '구조'를 바꾸어 한다는 논점은 원가연계형 전기요금제에도 시사하는 바가 많다.

탄소중립 그리고 그 핵심이 전력산업이고 전기요금이라는 점을 온 국민들이 아는 상황에서 만시지탄(晩時之歎)의 느낌은 있지만 이제 정부와 소비자 그리고 사업자가 머리를 맞대고 전력시장의 '구조'를 논의하고 개선할 시점이 된 것이 아닐까?

— 〈전기신문〉, 2022.1.21.

전기요금과 물가정책
- '기대 인플레이션'과 '요금동결 기대' -

수입 연료가격은 폭등했지만 전기요금은 정치적으로 '빅 스텝'이 어려워 한전 적자가 천문학적으로 증가하고 있다. 이런 상황에서도 시장주의를 표방한 윤석열 정부가 전기요금 인상을 주저하는 이유는 심상치 않은 우리나라 물가상승 때문이다. 최근 통계청이 발표한 5월의 소비자 물가지수는 전년동월대비 5.4%로 십여년만에 5%대를 기록한 바 있다.

설상가상 미래 물가상승을 예상하는 '기대 인플레이션율'도 높아지고 있어 물가상승의 비상신호가 켜지고 있다. 기대 인플레이션율이 높아지면 물가상승을 예상하여 임금상승을 요구하고 이것이 다시 제품가격 인상을 통한 물가상승을 유발하는 악순환을 유발하기 때문이다. 상황이 이렇다 보니 윤석열 정부가 전기요금의 인상을 주저하는 것이 한편으로 이해되는 측면은 있다. 그럼에도 전기요금과 물가정책과 관련하여 몇 가지 짚고 넘어갈 점이 있다.

우선, 최근 한국은행이 물가안정을 위해 금리인상을 단행하고 추가인상을 시사하는 등 선제조치를 취한 것은 시의적절하다고 생각된다. 다만 그 동안 금리인상의 판단기준인 물가지수는 대부분의 선진국가들처럼 '소비자물가지수'(5월 기준 5.4%)에서 식료품과 에너지항목이 제외된 '식료품 및 에너지제외지수'(5월 기준 3.4%)로 전환하는 것이 바람직하다. 식료품과 에너지는 가격변동성이 큰 까닭에 이것이 포함된 소비자물가지수에 의한 금리인상은 자칫 경기 위축을 유발할 수 있기 때문이다. 물론 물가당국이 소비자물가지수만이 아니라 다양한 유형의 물가지수와 국내외 금융상황을 종합하여 결정하겠지만 이 대목에서 소비자물가지수를 굳이 거론한 것은 후술하는 것처럼 그것이 지닌 정치적 및 심리적 효과 때문이다.

둘째, 이론상 금리인상은 수요측면의 물가정책 수단이고 식료품이나 에너지가격 상승으로 인한 공급 측면의 비용상승 인플레이션에는 큰 효과가 없다. 공급비용에 대한 물가정책으로는 에너지세제를 낮추거나 에너지 비축물량을 방출하여 가격상승을 일부 완충하는 정도가 있을 뿐 수요측면과 달리 믿을 만한 뾰족한 정책수단이 없다. 더구나 우리나라 전기요금이 제조업 원가에서 차지하는 비중이나 생활비 지출에서 차지하는 비중이 지속적으로 하락하여 현실적으로 전기요금 동결에 의한 정책효과도 그리 크지 않다. 그럼에도 소비자물가지수에 전기요금이 포함되어 마치 전기요금이 물가정책의 중요 수단인 것처럼 인식되는 경향이 있다.

셋째, 무엇보다 가장 문제라고 생각되는 점은 역대 정부 모두 전기요금을 물가안정 수단으로 활용하는 바람에 전기요금은 어떤 경우라도 동결 내지 미미한 인상에 그친다는 '기대 심리'가 강하게 형성된 것이다. 이제는 아예 요금동결이 '기대'가 아닌 '통념'이 된 상황이다. 앞서 '기대 인플레이션'이 문제해결을 더 어렵게 만드는 것처럼 '요금동결 기대'는 전기소비 절약을 저해하여 연료수입액 증대와 무역수지 악화 나아가 환율변동으로 연결되어 에너지 문제 해결은 물론 국민경제 전반에 오히려 장애로 작용하는 측면이 있다.

에너지가격 상승이 분명 공급비용의 측면에서 인플레이션을 유발하는 것은 맞는다. 그렇다고 무조건 요금을 통제한다고 해서 근본적인 문제해결이 되는 것은 아니다. 현재 물가상승이 우려되는 수준이고 종합적인 것을 고려하여 전기요금 문제에 접근해야 하지만 차제에 물가안정 수단으로서 전기요금, 정치적 통제대상으로서 전기요금이라는 인식과 통념을 바꾸고 전기절약의 강력한 드라이브를 걸 필요가 있다. 그것만이 새롭게 출범한 정부가 '정치구호'로만 일관한 역대 정부와 달리 '시장신호'를 통한 에너지정책으로 차별화할 수 있는 길이다.

— 〈에너지데일리〉, 2022.6.17.

전력요금 해결에 필요한
'두 개의 자구책'

한전 적자로 인한 국민경제의 불안이 심상치가 않다. 채권시장의 한전채 쏠림으로 인한 일반기업의 자금조달 및 이자부담, 한전 적자로 인한 산업은행의 건전성 악화와 정책금융의 제약, 외환시장의 무역 적자와 환율 압박까지 한전의 적자위기가 에너지산업을 넘어 금융 및 외환부문 등 국민경제 전반에 걸쳐 확산되고 있다. 이러한 위기가 수년 주기로 반복되면서 증폭되고 있지만 이번에도 그 결말은 충분히 예상된다. '정치권의 질타에 이은 공기업의 뼈를 깎는 자구책 그리고 적자 해소에 미달하는 미미한 요금인상'이라는 매우 익숙한 시나리오다.

대규모 한전 적자로 인해 에너지업계 전반이 빈사상태에 있고 국민경제 전반으로 위기가 확산되는 위중한 상황에서 뻔한 결말이지만 기대하고 지켜볼 수밖에 없다. 하지만 이런 방식으로는 근본적인 문제해결이 어렵다는 것을 정치권은 물론 우리 모두가 알고 또 경험한 바 있다. 지정학적 요인이든 탄소중립 요인이든 현 상태에서는 에너지 공기업의 적자와 국민경제 위기가 반복될 가능성이 높은 만큼 이번에는 결말이 뻔한 시나리오를 넘어서는 혁신적인 개혁안을 마련할 필요가 있다. 이를 위해서는 에너지업계와 정치권은 각각 다음과 같은 자구책을 마련할 필요가 있다.

첫째, 한전 등 에너지 공기업의 구조적인 자구책이다. 현재의 시장구조와 정책거버넌스하에서는 집권정부의 성향과 무관하게 정치권의 요금통제와 시장개입이 일상화될 수밖에 없다. 현재의 구조를 독립적인 규제기관에 의한 자율적인 시장 및 산업체제로 전환하고 이를 통해 시장원가와 탄소비용을 요금에 제대로 반영되는 방식이 되어야 한전 적자와 국민경제적 위기 해소는 물론 탄소중립에도 효과적으로 대응할 수 있다.

혹시 현재의 구조를 그대로 두고 '진정으로 올바른 집권정부'가 들어서면 모든 것이 정상화되지 않을까 하고 기대한다면 그 자체가 착각이고 이미 역대 정부를 거치면서 우리 모두가 뼈저리게 확인한 바 있다. 세계 역사에서 경쟁적인 혁신을 저해하는 통제구조하에서 에너지 공기업들이 지향하는 글로벌 기업이 탄생한 사례가 없다. 에너지 공기업 입장에서도 현재 구조를 개혁해야 정치권의 숙원사업을 떠맡거나 사후적인 뒤치다꺼리를 하는 위험에서 벗어날수 있다. 한전 등 에너지 공기업은 언제까지 자산팔이식 뼈깎기를 해야 시장원가를 받을까 말까하는 통제구조하에서 에너지산업을 끌고 갈 것인가?

차제에 한전 등 에너지 공기업 스스로가 현재의 위치에 안주하지 않고 자율적 시장체제와 공적 규제로 전환하는 것이 국민경제와 에너지산업을 위한 공공성을 강화하는 길이다. 이런 차원에서 에너지 공기업들은 요금 인상때마다 요구받는 '자산팔이식 뼈깎기'

가 아닌 경쟁력 있는 공기업으로 거듭나기 위한 '새로운 뼈대 세우기'의 자구책이 필요한 시점이다.

둘째, 정치권 역시 공기업의 일방적인 뼈깎기식 대책만 강조하지 말고 전력요금 등 에너지가격에 대한 정치적 부담에서 벗어날 수 있는 자구책을 마련할 필요가 있다. 사실 정치권 역시 이러한 위기를 예상하면서도 요금통제 등을 포함한 정책거버넌스를 제대로 개혁하지 않은 책임에서 자유롭지 않다. 이런 정치적 요금통제를 지속하면서 경영진의 책임과 뼈깎기 자구책만 강조하는 것 역시 적절하지 않다.

물론 전력요금 문제에서 집권정부나 정치권이 부담을 느끼는 것은 충분히 이해할 수 있다. 그 동안 전력 등 에너지요금은 사실상 정부가 직접 결정해 왔기 때문이다. 그러다 보니 연례행사처럼 돌아오는 선거 때마다 요금인상을 주저하고 미루고 하면서 폭탄돌리기를 한 셈이다. 정치권은 언제까지 집권정부간 그리고 여야간에 에너지요금을 둘러싼 정쟁을 지속하면서 정치적 부담을 지고 갈 것인가?

정치권도 차제에 정치적 부담으로 작용했던 요금결정 거버넌스를 독립적인 규제기구에서 담당하도록 하고 정치권은 이를 통해 요금문제의 부담에서 벗어나는 것이 에너지산업은 물론 정치권 입장에서 바람직하다. 요금문제를 근본적으로 해결하지도 못하면서 '정치적 부담만 주는 거버넌스'를 지속하기보다 요금문제 해결이 가능하면서도 '정치적 부담이 없는 거버넌스'로 전환하는 자구책을 마련할 시점이다.

— 〈전기신문〉, 2023.5.5.

제4부

전원믹스, 전력망과 분산화

제2부에서 언급한 바와 같이 지난 십여년간 우리나라 에너지정책은 극단적 대립과 소모적 갈등의 연속이었다. 그 가운데서 정부 계획상 전원믹스는 정쟁의 발원지이자 사생결단의 전쟁터였다. 탄소중립과 온실가스 감축을 위해서 재생가능에너지나 원전과 같은 무탄소 발전설비를 활용하는 것은 필요하다. 문제는 두 설비간에 벌어진 비현실적인 수치싸움이다.

우선 비현실적인 수치가 될 수 밖에 없었던 것은 우리나라 전력 부문의 두가지 특수성 때문이다. 첫째, 우리나라는 지리적으로 섬나라는 아니지만 전력의 관점에서 보면 다른 나라와 전력망이 연결되어 있지 않은 섬 나라와 같다. 이처럼 고립전력망에서는 전력이 부족할 경우나 남을 경우에 다른 나라와 수출입이 불가능하기 때문에 자연조건에 따라 발전량이 변동하는 재생가능에너지나 출력 조정이 극히 제한되는 원전을 일정 비율 이상으로 운용할 수가 없다. 과거 정책에서처럼 중단기적으로 원전을 전체 발전량의 60%로 한다거나 재생가능에너지를 30%로 한다는 것 자체가 계통운영상 어렵고 이를 가능하게 하려면 대량의 저장설비 등 천문학적 비용이 든다.

둘째, 우리나라 전력 수요는 수도권에 집중되어 있고 발전설비

특히 재생가능에너지나 원전은 모두 수도권에서 멀리 떨어진 지방에 집중되어 있다. 앞으로 이들 설비가 계속 증가할 경우 이들의 전력을 수도권으로 보낼 장거리 송전망을 대대적으로 확충해야 한다. 하지만 밀양 송전망 갈등이후 장거리 송전망 건설이 매우 어려워지고 있다. 탄소중립을 위해 재생가능에너지와 원전을 확대하더라도 그 전력을 수도권이나 산업단지로 송전하지 못하면 무용지물이 된다.

이러한 우리나라의 특수성을 고려하지 않고 재생가능에너지나 원전의 보급목표를 높인다고 해도 그 실현가능성은 여전히 미지수다. 따라서 입지상 비수도권에 집중되는 재생가능에너지나 원전 확대만 강조할 것이 아니라 이들 전력을 수송할 송전망 문제나 수도권 수요의 지방분산 혹은 수도권으로의 설비유인과 같은 정책이 병행되어야 한다.

이러한 관점에서 제4부의 전반부는 실현가능한 전원믹스와 함께 저탄소 가스발전의 역할 그리고 앞으로 증가할 재생가능에너지의 효율적인 보급을 위한 제도개선을 다루고 있다. 우선 정부의 전력계획을 특정 전원에 치우치지 않고 균형 기조로 바꿀 필요가 있다. 재생가능에너지와 원전 확대기조와 관련해서는 설비입지나 송전망 확충의 불확실성이 매우 크기 때문에 이에 대비하는 차원에서 저탄소 가스발전의 역할도 중요하다. 또한 재생가능에너지의 보급수치 상향에만 집착할 것이 아니라 재생가능에너지의 경제성 제고 등을 위한 보급제도 개혁이 필요하다.

한편 후반부는 무탄소설비 보급보다 탄소중립 구현에 훨씬 더 중요한 전력망 문제와 이와 관련된 수요 및 설비의 분산화 문제를

다룬 것이다. 최근 국제에너지기구는 탄소중립의 가장 큰 장애요
인으로 전력망 확충을 거론한 바 있고 우리나라도 예외가 아니다.
특히 우리나라는 다른 나라에 비해 산지가 많은 좁은 국토에 인구
밀도가 높기 때문에 장거리 송전망 건설에 상당한 어려움을 안고
있다. 특단의 대책으로 최대한 전력망 확충에 노력하되 데이터센
터와 같은 수도권의 대규모 수요자를 지방으로 이전하는 수요 분산
과 함께 새롭게 진입할 재생가능에너지와 소형 원전을 수도권으로
유인하는 방안을 병행할 필요가 있다.

현실을 고려한
전원믹스의 균형

경제학계의 희귀종에 속하는 생태경제학이란 분야가 있다. 자연과학인 생태학과 사회과학인 경제학의 통합학문인데, 그 이론 중에 자연생태계의 안정적 전환을 설명하는 '패나키(panarchy)'라는 개념이 있다. 용어는 좀 생소하나 내용은 다소 상식적이다. 자연생태계가 기온이나 습도 변화, 외래종의 출현 등으로 위기에 처하는 경우가 있는데, 이때 무질서 상태로 빠지지 않고 새로운 질서를 찾아가려면 내부에 생물종이 다양해야 한다는 것이다. 사전에 예측할 수는 없지만 다양한 생물종 가운데서 위기를 극복하고 새로운 질서를 창출해 나가는 존재가 등장하기 때문이다.

이는 자연생태계만이 아니라 사회나 조직의 위기 극복에도 종종 사용하는 것으로 기존 질서에서 새로운 질서로의 안정적 전환 능력을 뜻하는 '복원력(resilience)'이 바로 여기에서 비롯되었다. 새 정부의 전력 정책 평가를 '패나키'라는 생소한 개념으로 시작한 것도 이와 무관하지 않다. 우리나라 전력산업도 탄소중립이란 새로운 질서로 안정적으로 전환해야 하기 때문이다.

지난 10여 년간 역대 정부의 전력 정책을 되돌아보자. 일부 긍정적인 흐름도 있었지만, 녹색성장과 원전 확대, 탈원전과 재생에너지 확대 그리고 이러한 급변침을 둘러싼 배타적이고 소모적인 갈등의 소용돌이가 더 컸다. 또 천정부지로 치솟는 연료 가격에도 요지부동의 전력요금을 두고 벌인 치열한 공방도 있었다. 하지만 에너지 부존 여건이 좋지 않은 우리나라에서 특정 전원을 정치적으로 배제하는 것 자체가 어쩌면 사치였을 수 있다. 또 탄소중립과 수급 안정에 가장 중요한 수요 절약을 요금 신호가 아닌 정치 구호로 달성하려는 것 역시 과욕이었는지 모른다.

　새 정부가 발표한 5대 에너지 정책의 첫걸음에 해당하는 전력수급기본계획 초안을 보면 역대 정책과 구별되는 2가지 특징이 있다. 하나는 원전, 재생에너지, 화력발전 등 '전원 간 균형'이고, 다른 하나는 '전력시장의 다원화'이다. 전력산업의 안정적 전환을 위해서는 탈원전 혹은 친원전 문제보다 전원의 다양성이 더 중요하다. 전력산업의 대전환을 떠나 우리의 에너지 현실에서 보더라도 특정 전원에 대한 불확실하고 과도한 쏠림을 피하고 다양한 전원 간에 균형을 잡을 필요가 있다. 이런 측면에서 새 정부가 내세운 원전, 재생에너지, 화력발전 간의 균형은 구체적인 각론에서 다소 차이는 있겠지만 현실적인 방향이라고 생각된다.

　물론 아직 초안이기 때문에 이러한 차별성이 향후 정책 수립 및 집행 과정에 어떻게 구현되고 성과를 거둘지는 지켜봐야 할 것이다. 이와 관련하여 이전 정책을 반면교사로 삼아 하나 덧붙이고 싶은 점은 이전 정책들의 경우 내용상 '전원과 시장의 다양성'이 부족했지만, 수립 및 집행에서도 정치적 갈등으로 '다양한 의견수

렴'에서 아쉬운 부분이 있었다. '구슬이 서 말이라도 꿰어야 보배'
라는 말이 있듯이 의도한 정책이 현실에서 효과를 거두기 위해서는
다양한 의견수렴이 필수적이다. 사회 구성원 내부의 의견 차이와
이해 갈등에 대응하면서 새롭게 진화할 수 있는 정책 복원력의
원천 역시 의견의 다양성에 있기 때문이다.

― 〈매일경제〉, 2022.10.7.

천연가스와 탄소중립의
'신 스틸러(scene - stealer)'

가스난방비 문제로 전국이 들끓고 있다. 여·야의 정치권은 상대편 탓하기에 급급하지만, 문제의 본질은 집권정부의 성향이 아니라 정부의 가격통제를 자초한 가스시장 구조와 요금 결정거버넌스에 있다. 내년 총선을 의식해서 요금 자제론이 나오는 것 역시 그에 따른 당연한 귀결이다. 일반의 관심에서 벗어나 있지만 천연가스를 둘러싼 또 다른 우려가 하나 있다.

최근에 확정된 전력수급기본계획은 '에너지안보'와 '탄소중립'의 목표하에 원전과 재생가능에너지에 중심 역할을 부여하고, 수입연료이면서 탄소배출을 유발하는 석탄발전과 가스발전의 비중을 줄이는 내용으로 되어 있다. 국내·외 에너지 여건 변화를 반영한 바람직한 장기방향이라고 생각된다.

하지만 발전용 가스 등 천연가스 수급에는 일말의 우려가 있다. 동 계획에 따르면 현재 30% 수준의 가스발전량이 십여 년 후인 2036년에 9%대로 축소된다. 최근의 가스가격 폭등이나 물량확보 애로를 감안하면 이해는 되나 불확실성이 크다. 그동안 가스발전이 다른 전원의 발전량 부족을 대신하는 역할을 하느라 큰 오차의 변동성을 보였기 때문이다. 문제는 앞으로 천연가스 수입물량이 축소되더라도 그 변동성은 확대될 가능성이 크다는 점이다.

우선 전력수요 전망 자체가 이상기온(시스템 냉난방)과 에너지 전력화(전기차) 그리고 4차 산업혁명(데이터센터 등)으로 인해 매우 불확실해졌다. 전력공급 측면에서 최근 하향 조정되기는 했으나 재생가능에너지(특히 해상풍력)의 불확실성이 매우 높고, 신기술로서 수소와 암모니아 발전도 추이를 지켜볼 필요가 있다. 원전 계속 운전 역시 사용후핵연료 문제를 안고 있다. 무엇보다 전력계통상 건설 및 운영상 불확실성이 이전과 비교가 되지 않을 정도로 커졌다. 원전과 함께 장거리 송전망 의존도가 매우 높은 재생가능에너지(태양광 및 해상풍력)로 인한 계통보강 문제 그리고 경직성 원전과 간헐성 재생가능에너지로 인한 계통운영 제약이 대표적 사례다.

이러한 수요 및 공급상 불확실성과 계통제약 및 운영상 애로가 유발하는 변동성은 대부분 천연가스의 대역으로 처리될 가능성이 크다. 설령 정책기조상 원전과 재생에너지가 주인공이라도 우리 여건상 천연가스의 사용과 수입이 불가피하다면 천연가스 수급 역시 탄소중립과 에너지안보에 매우 중요하다. 국제무역이 만개한 상황에서 에너지안보가 반드시 수입 제로와 국내 100% 자급을 의미하는 것은 아니기 때문이다.

흔히 영화에서 주연은 아니고 화면 분량은 적지만 주연을 돋보이게 하는 조연을 '신 스틸러(scene-stealer)'라고 한다. 뻔한 '클리셰(cliche)'의 영화라도 조연의 감칠맛 나는 연기가 영화를 살리는 경우가 많다. 우리나라 탄소중립과 에너지안보 시나리오에서도 천연가스의 신 스틸러 역할이 필요하다. 더구나 지난 십여 년간 역대 정부에서 원전과 재생에너지라는 두 주연이 보여준 어색한 '오버 액션'을 감안하면 천연가스의 신 스틸러 역할은 더 중요질 것 같다.

물론 영화에서 조연이라고 모두 신 스틸러가 되는 것은 아니다. 천연가스가 이에 부응하기 위해서는 지금보다 더 유연한 임기응변을 갖추어야 한다. 현재처럼 수급관리 차원의 불확실성 물량을 감안하는 것도 필요하나 향후의 불확실성은 과거의 변동분 오차만으로 가늠하기 어렵다. 확률조차 가능할 수 없는 불확실성에 대한 가장 효과적인 대응방안은 수급상 유연성과 다양성을 제고하는 것이다.

예를 들어 오랜 기간 논란이 되고 있는 직도입의 경우 비축의무 등 규제 강화와 전력도매시장 개혁을 전제로 국내 거래를 허용하는 것도 생각할 필요가 있다. 이는 도입주체의 다양성과 물량거래의 유연성을 높이는 효과가 있다. 그 활성화와 공정한 TPA를 위해서는 배관망의 중립적 운영 역시 중요하다. 그동안 한국가스공사가 최종공급의무라는 제약조건 하에 배관망을 합리적으로 운영했더라도 이에 관한 외부의 신뢰를 얻는 것은 또 다른 문제다. 차제에 중립적 규제기관 혹은 위원회에 의한 배관망 운영규칙과 제도도 마련할 필요가 있다.

이러한 불확실성 대응과정에서 가스업계의 내부 이해관계가 다르고 애로사항도 있을 것이다. 하지만 가스업계 전체가 '신 스틸러'로서 역할을 충실히 수행하기 위해서는 서로 머리를 맞대고 협력할 필요가 있다. 관객의 뇌리에 남는 영화는 주연들이 훌륭한 경우도 있지만 주변 조연들의 기막힌 조화가 더 빛나는 경우가 많다.

― 〈전기신문〉, 2023.3.3.

천연가스 수급과 에너지안보

새 정부의 에너지정책 중에서 가장 쟁점이었던 '제10차 전력수급기본계획'(이하 수급계획)이 최근에 확정되었다. 그 기본방향과 골격은 작년의 수립과정에서 이미 발표된 바 있는데, 주지하는 바와 같이 과거와 다른 특징중 하나가 '에너지안보 강화'와 '원전과 재생에너지간의 균형'이라고 할 수 있다. 이는 국내외 에너지 여건 변화에 대응하면서 그 실현을 위한 전력시장 개편과 계통설비에 대한 후속조치까지 담고 있다는 점에서 주목할 만하다. 다만 기우일 수도 있지만 에너지안보와 천연가스 수급에 관해 하나 우려되는 점은 있다.

그 동안 수급계획에서 천연가스 발전은 항상 다른 전원의 발전량 과부족을 사후적으로 보완하는 일종의 '최종 수비수' 역할을 담당해 왔다. 그리고 과거 수급계획의 가스발전 전망에 따른 가스 도입은 항상 적지 않은 오차를 유발한 바 있다. 앞으로 탄소중립 과정에서 가스도입 물량은 점진적으로 축소되겠지만, 우리나라 여건상 가스 수입에서 완전하게 자유로울 수 없다면 물량 및 가격 측면에서 천연가스의 안정적인 도입 역시 에너지안보에 중요하다.

문제는 그간 반복되어 온 천연가스 수급상 불확실성이 앞으로 더욱 커질 가능성이 높다는 점이다.

우선, 전력수요 예측 자체가 이상기온(기후변화)과 탄소중립(전기화) 및 4차 산업혁명(데이터센터)으로 인해 매우 불확실해졌다. 이는 예측기법의 개선으로만 해결할 수 없는 사안 자체의 불확실성이다. 둘째, 전력공급 측면에서 재생에너지 보급목표를 조정했으나 여전히 불확실성은 있다. 여기에 국내 기업의 RE100 진행 속도에 따른 변동성도 있다. 셋째, 계통보강 및 운영상 불확실성도 커졌다. 특히 장거리 송전망 의존도가 높은 원전, 재생에너지는 계통보강과 운영이 여의치 않을 경우 계통제약으로 인한 출력제한이 발생한다.

이렇게 증폭된 불확실성은 대부분 발전용 가스수급의 변동성과 관련 사업의 애로로 작용할 것이다. 이번 수급계획도 이러한 불확실성을 의식하면서 현재 발전량의 30%인 가스발전 비중을 2030년의 23%를 거쳐 십여년후인 2036년에는 9% 내외로 조심스럽게 전망하고 있다. 현재의 계획대로 진행된다면 천연가스 의존축소로 에너지안보는 강화되겠지만 가스도입 계약기간의 중장기성을 고려한 불확실성 대비는 필요하다.

다행히도 이번 계획의 후속조치인 '장기 천연가스 수급계획'은 전술한 과거 오차를 토대로 불확실성 요인을 감안하는 방안을 고민하고 있으며, 그 자체로 불확실성을 줄이는 바람직한 방안이다. 하지만 불확실한 물량설정이 사후적으로 문제가 되지 않도록 하는 안전장치도 필요하지만 과거와 확연히 구별되는 전술한 요인들을 감안하면 불확실성 물량설정만으로 대응하기 쉽지 않다. 더구나 석유와 달리 천연가스는 가스전 개발에서 거래 방식에 이르기까지 국제거래상 여러 가지 경직성이 있고 현물시장 역시 불안정하다. 이런 상황에서 불확실성을 조금 더 줄일 수 있는 방안은 물량설정의 유연성에 더하여 도입제도의 유연성, 즉 도입주체를 다원화하고 거래의 자율성을 높이는 것이다.

이와 관련하여 오랜 기간 쟁점이 되고 있는 직도입에 비축 및 비상시 의무규제를 부여하고 국내 가스거래의 유연성을 제고하는 방안, 즉 규제 강화하에 도입주체 및 의사결정의 다양성과 유연성을 제고하는 방안을 고민할 필요가 있다. 이에 필수적인 배관망의 중립적 운영제도도 필요할 것이다. 사전 예측이 불가능한 미래 불확실성에 대한 가장 효과적인 대응방안은 다양성과 유연성 제고이며 이는 에너지안보에도 도움이 된다. 이번 수급계획이 전력시장에 대한 다양한 개편방향을 담고 있듯이 가스계획 역시 도입 제도상의 변화를 꾀하는 로드맵을 고민해 주기를 기대한다.

— 〈에너지데일리〉, 2023.1.27.

탄소중립과 에너지안보의
'양수겸장(兩手兼將)'

최근 수 년 사이에 에너지문제가 우리나라를 포함해서 모든 국가의 최우선 과제가 되고 있다. 그 핵심은 기후변화에 대응하는 '탄소중립'과 최근 우크라이나 전쟁으로 인한 '에너지안보'다. 새 정부의 에너지정책도 최근 확정된 전력수급기본계획(이하 '전력계획')에서 이러한 취지하에 원전과 재생가능에너지에 주된 역할을 부여하고 수입연료이면서 탄소배출을 유발하는 석탄발전과 가스발전의 비중을 줄인 바 있다. 전술한 국내·외 에너지여건을 감안한 바람직한 방향이라고 판단된다.

다만 기우일지는 모르나 전력계획을 기반으로 하여 수립되는 장기천연가스수급계획(이하 '가스계획')에 대해서는 다소 우려되는 점이 있다. 이번 전력계획에 따르면 현재 30% 내외의 가스발전량 비중이 2030년의 23%를 거쳐 십여 년 후인 2036년에는 9%대로 축소된다. 최근의 가스가격 폭등이나 물량확보 애로를 고려하면 충분히 이해가 되나 불확실성에 대한 대비는 필요하다. 오랜 기간 가스발전이 여타 전원의 발전량 부족을 사후적으로 보충하는 대역을 하느라 발전용 물량이 큰 오차를 유발했기 때문이다. 문제는 앞으로 탄소중립과 에너지안보 강화로 천연가스 물량은 축소되더라도 그 변동성은 오히려 증폭될 가능성이 크다는 점이다.

우선, 상대적으로 안정적 추세였던 도시가스용이 벙커링 및 수소차 등의 신규 요인으로 인해 불확실성이 커졌다. 발전용은 더 큰 불확실성이 예상된다. 먼저 전력수요 전망 자체가 이상기온(시스템 냉난방)과 에너지 전력화(전기차) 그리고 4차 산업혁명(데이터센터 등)으로 인해 매우 불확실하다. 이는 예측기법의 개선만으로 해소될 수 없는 사안 자체의 불확실성이다. 전력공급 측면에서 최근 보급목표가 하향 조정되기는 했으나 재생가능에너지(특히 해상풍력 보급) 역시 불확실성이 크다. 신기술로서 수소와 암모니아 발전 역시 불안정한 공급원이고, 원전 계속운전도 사용후핵연료 문제 등의 애로요인을 안고 있다.

하지만 전력수요나 공급보다 더 큰 문제는 전력계통으로 원전이나 재생가능에너지가 계획대로 실현되더라도 계통건설 및 운영상 불확실성이 과거와 비교할 수 없을 만큼 커졌다. 원전은 물론 우리나라 재생가능에너지(태양광 및 해상풍력) 역시 장거리 송전망 의존도가 매우 높아 계통보강이 여의치 않으면 출력제한이 발생한다. 경직성 원전과 간헐성의 재생가능에너지로 인해 주파수, 전압, 계통관성 등 안정적인 계통운영에 필요한 유연성 설비도 관건이다.

이러한 수요 및 공급상 변동성과 계통제약 및 운영상 애로로 인해 발생하는 공백은 대부분 저탄소인 천연가스의 대역으로 처리될 가능성이 크다. 최근 전력계획과 현재 논의 중인 가스계획에 일말의 우려가 존재하는 이유다. 여타 에너지와 달리 천연가스 시장은 경직적인 중장기 계약형태이고 현물시장 역시 불안정성이 높다. 더구나 러시아 PNG를 대체하는 유럽의 LNG 수요로 인해 향후 수년간 국제수급은 더욱 어려워질 전망이다. 우리 여건상 상당 기간 천연가스를 사용할 수밖에 없고 수입 역시 불가피하다면 저탄소로서 천연가스의 안정적 수급은 탄소중립은 물론 에너지안보에 매우 중요하다.

흔히 영화에서 주인공이 아니고 화면분량은 적지만 주연을 돋보이게 하는 조연을 '신 스틸러(scene stealer)'라고 한다. 뻔한 '클리셰(cliche)'의 영화라도 조연의 감칠맛 나는 연기가 영화를 살리는 경우가 많다. 탄소중립과 에너지안보 시나리오상 원전과 재생에너지가 주인공이라 하더라도 전술한 바와 같이 천연가스라는 중요한 조연이 없이는 원활한 정책구현이 어렵다. 그런 의미에서 천연가스는 탄소중립과 에너지안보의 '신 스틸러'라고 할 수 있다. 더구나 역대 정부를 거치면서 원전과 재생가능에너지라는 두 주연이 보여준 어색한 '오버 액션'을 감안하면 천연가스의 조연 역할은 더욱 중요해질 듯하다.

하지만 모든 영화에서 조연이라고 무조건 '신 스틸러'가 되는 것은 아니다. 천연가스가 그 역할에 부응하기 위해서는 지금보다 훨씬 강건하고 유연한 임기응변을 갖추어야 한다. 그동안 가스업계가 도입선의 다변화, 계약기간 및 유형별 다양화, 물량계약상 다양한 옵션 확보 등으로 안정적 수급에 많은 기여를 했지만 앞으로 그 이상의 노력을 경주해야 한다.

우선, 전력계획의 가스발전량을 참고로 하면서도 새로운 불확실성에 대응하는 '수급관리 수요'의 산정기준을 재정립할 필요가 있다. 향후 가스수요의 변동성은 과거의 변동성 자료만으로 대응하기 어렵기 때문이다. 또한, 과거에 감사 논란을 유발했던 물량문제에 따른 안전장치도 마련할 필요가 있다.

둘째, 불확실성이 발생 확률조차 가늠할 수 없는 상황을 시사하는 만큼 수급관리 물량을 정확히 예측하는 것 자체가 거의 불가능에 가깝다. 더구나 앞으로 전력계획이나 가스계획은 모두 확정적이고 실현가능성이 높은 계획이라기보다 다수의 시나리오 전망 중 하나에 가깝다고 봐야 한다. 이러한 불확실성에 가장 효과적으로 대처하는 방법은 제도상 유연성과 다양성을 높이는 것이다. 예를 들어 오랜 기간 논란이었던 직도입의 경우 비축의무 등 규제 강화와 전력도매시장의 입찰제도 개선하에 국내 거래를 유연화하는 것도 고려할 만하다. 이는 도입 주체의 다양성과 물량거래의 유연성을 높이는 것으로 과거와는 다른 불확실성에 직면한 KOGAS에게 도움이 될 수도 있다.

셋째, 공정한 TPA는 물론 국내 가스거래의 활성화를 위해서는 배관망의 중립적 운영이 중요하다. 물론 KOGAS가 최종공급의무를 지는 관계로 무차별적 배관망 이용에 제약조건이 있으나 이러한 제약하에 내부규칙에 따라 합리적으로 배관망을 운영해 왔다. 하지만 내부의 운영규칙과 그것이 외부의 신뢰를 얻는 것은 성격이 다른 문제다. 차제에 중립적 규제기관 혹은 위원회에 의한 배관망 운영규칙과 제도를 마련할 필요가 있다.

이상의 불확실성 대응과정에서 가스산업계 내부의 이해관계가 다르고 여러 가지 애로사항도 존재한다. 하지만 불확실성이 증폭되는 시나리오에서 가스업계 전체가 '신 스틸러'로서 역할을 충실히 수행하기 위해서는 서로 머리를 맞대고 협력을 강화할 필요가 있다. 관객의 뇌리에 남는 영화에는 주연이 훌륭했던 경우도 있지만 조연이 더 빛났던 경우가 많다.

— 〈KOGSA 웹진〉, 2023.2.

재생가능에너지의
심기일전을 기대하며

재생가능에너지는 기후변화를 방지하고 탄소중립을 구현하기 위한 핵심수단이다. 특히 우리나라는 다른 OECD 국가에 비해 재생가능에너지 보급비율이 낮은 데다가 최근 우크라이나 상황으로 인한 연료비 폭등과 물량 위기를 감안할 때 우리나라 에너지안보와 무역수지 측면에서도 재생가능에너지의 역할은 매우 중요하다. 그럼에도 최근 우리나라 재생가능에너지 관련업계는 다소 위축되고 불만스러운 분위기다. 새 정부 출범이후 재생가능에너지의 보급목표가 하향되었고, 최근 도매시장 상한제가 시행되면서 일부 사업자들의 수익도 감소하게 되었다. 설상가상으로 지난 수년간의 재생에너지 보급과정에 여러가지 의혹이 제기되면서 불만에 불안이 더해지고 있다.

하지만 재생가능에너지 관련업계는 불만과 불안에 휩싸이기보다는 최근의 상황을 심기일전의 계기로 삼아 새로운 도약기를 준비할 필요가 있다. 이와 관련하여 다음 3가지 측면을 다각도로 고려할 필요가 있다.

첫째, '보급목표'와 관련하여 새 정부의 목표 하향이 관련업계로서는 당연히 불만일 것이다. 하지만 이전의 보급목표가 2030년 온실가스 감축목표(NDC)의 도전적인 설정과정에서 다소 의욕적으로 책정된 측면이 있었다는 점을 감안할 필요가 있다. 더구나 현재 하향된 보급목표도 물량상 결코 작거나 손쉽게 달성할 수 있는 수치가 아니다. 특히 오랜 기간 부진했던 풍력은 더 적극적인 역할이 필요한 상황이다.

둘째, '정산문제'와 관련하여 도매시장의 상한제로 일부 사업자의 수익이 줄어드는 것 역시 냉철하게 판단해 볼 필요가 있다. 연료비가 제로인 재생가능에너지의 발전수입을 가스연료비에 의한 도매가격 기준으로 정산하는 것 자체가 합리적이지 않다. 더구나 현재의 정산방식은 연료비가 제로인 재생가능에너지의 장점을 훼손하고 국민부담을 유발하여 재생가능에너지에 대한 부정적 인식을 촉발한다.

따라서 우리나라 재생에너지가 경쟁력을 제고하여 도약하기 위해서는 우리나라 자연적 조건의 불리함을 최대한 극복하면서 가능한 발전단가를 낮추고 발전수입 역시 화석연료가격에 연동하지 않아야 한다. 더구나 지금처럼 도매가격과 REC가격에 따라 사업수입 자체가 천당과 지옥을 오가는 구조는 사업자 입장에서도 안정적인 투자와 금융조달의 측면에서 바람직하지 않다. 이런 측면에서 최근 논의되는 바와 같이 일정 규모이상의 재생에너지에 대한 중앙경매제로 경쟁을 활성화하고 일정한 가격으로 정산받는 방안을 고려할 필요가 있다.

셋째, '미래 사업전망'과 관련하여 정책상 보급목표와 구별되는 새로운 영역, 특히 RE100에 주목할 필요가 있다. 외국에서 RE100 구현수단으로 각광받고 있는 직접PPA를 활성화하기 위해서는 전술한 발전단가와 정산방식의 개선이 필요하다. 지금의 정산방식은 단기적으로 해당사업자에게 이득이 될 수 있으나 RE100을 포함하여 재생가능에너지의 중장기 보급확대에는 걸림돌로 작용할 가능성이 높다. 재생가능에너지의 정산단가가 하락하여 시장에서 경쟁력이 제고되면 재생가능에너지의 시장은 자연스럽게 확대된다.

'구성의 오류(fallacy of composition)'라는 말이 있다. 개개인에게는 도움이 되지만 사회 전체적으로는 부정적인 결과를 초래하는 상황을 말한다. 공연장의 앞쪽 관람객이 공연을 좀 더 잘 보겠다는 개인적 편익으로 자리에서 일어나면 그 뒤의 모든 관객들도 계속 일어서서 공연을 관람하는 불편함을 초래한다. 개개인들이 부자가 되기 위해 소비를 줄이고 저축만 하면 국민경제의 생산활동이 위축되어 결과적으로 모든 국민들의 소득이 오히려 줄어들 수 있다. '구성의 오류'의 대표적인 사례들이다.

당장의 의욕적인 보급목표와 높은 정산수입이 사업자 개개인에게는 도움이 되겠지만, 재생가능에너지의 중장기 보급확대와 국민의 수용성이란 측면에서 오히려 부정적인 결과를 유발한다. 이제 재생가능에너지도 무조건 정부 보급목표의 상향과 높은 수익보장에 의존하는 것에서 점차 탈피하여 자체 경쟁력을 제고하는 노력을 병행할 필요가 있다. 재생가능에너지 관련업계가 불만과 불안에서 벗어나서 또 한번의 도약으로 한국경제의 탄소중립에 획기적인 역할을 하기를 기대한다.

― 〈전기신문〉, 2022.12.9.

재생가능에너지 경매제도의
'일석오조(一石五鳥)' 효과

재생가능에너지의 양적 목표를 달성하기 위해 FIT(발전차액지원제도)를 RPS(신·재생에너지보급의무화제도)로 전환한 지 정확히 10년이 지났다. 십 년이면 강산이 변한다는 말처럼 RPS제도로 우리나라 재생가능에너지 보급이 본격적인 궤도에 오르고 적지 않은 성과도 거두었다. 하지만 판매독점으로 인해 발전사가 의무주체가 된 것에서부터 보급목표의 적절성, 설비별 가중치 문제, 태양광 편중, 계통연계 애로 그리고 최근 가스가격과 도매시장가격(SMP) 폭등으로 인한 정산비용(SMP+REC) 급증에 이르기까지 해결해야 할 문제도 적지 않다.

이 가운데서 최근 보급목표의 적절성 문제가 뜨거운 쟁점이 되고 있다. 양적인 보급목표가 중요하고 상징성을 지니기는 하지만 전술한 문제점에 견주어 볼 때 현 상황에서 보급목표 수치가 가장 중요한 문제라고 보기 어렵다. 오히려 양적 확보에만 치중해온 RPS제도 전반에 대한 진단과 개선이 더 중요하다. 이와 관련하여 현재 발전사가 의무주체가 되어 'SMP+REC'로 정산하는 방식을 중립기관에 의한 중앙경매방식으로 전환하는 방안을 고민할 필요가 있다. 이를 통해 전술한 문제점의 해결은 물론 다음의 '일석오조(一石五鳥)' 효과까지 기대할 수 있다.

첫째, '경제적 부담의 안정화'이다. 현재의 정산방식은 가스가격과 무관하고 연료비도 제로인 태양광이나 풍력의 장점을 무색하게 하는 것으로 가스가격 급등시 전기요금 및 국민경제상 부담을 유발할 가능성이 크다. 더구나 개별사업자의 입장에서도 최근 수년 동안 경험했듯이 수입이 천당과 지옥을 오가는 현재의 정산방식은 바람직하지 않다. 경매를 통한 입찰가격 기준으로 정산하면 국민경제적 부담은 물론 개별사업자의 수입 변동성도 안정시킬 수 있다.

둘째, '가격 경쟁력의 강화'다. 우리나라 재생에너지의 발전원가는 다른 나라에 비해 매우 높아 보급과정상 애로요인이 되고 있어 재생가능에너지의 가격경쟁력을 최대한 제고할 필요가 있다. 이와 관련하여 비용절감 유인이 상대적으로 약한 발전사가 아닌 중립적인 기관이 경쟁입찰을 통해 보급량을 확보하면 재생가능에너지의 가격경쟁력 향상에 도움이 된다.

셋째, '사업 이행력의 제고'다. 그간 의욕적인 보급목표에도 풍력(특히 해상풍력)이 제대로 진행되지 않은 것은 전술한 가격경쟁력 열세에 더하여 주민수용성 및 계통연계 애로 등이 작용했기 때문이다. 경매과정에서 이를 입지 및 계통계획과 연계하여 진행하면서 주민수용성을 사전에 반영하고 계통연계의 불확실성을 줄이면 보급사업의 이행력도 높일 수 있다. 이미 허가받고 준비 중인 사업자들에 대해서는 별도의 보완책이 필요할 것이다.

넷째, '국내산업의 활성화'다. 입찰선정 과정에서 국내산 등과 관련된 기술적 항목을 반영하면 국내산업 활성화와 고용창출도 도모할 수 있다. 전술한 가격경쟁력 제고와 함께 국내 산업화 효과가 병행되면 중장기적으로 보급정책은 더욱 탄력을 받을 수 있다.

다섯째, 'RE100의 활성화'다. 최근 국내 기업의 RE100 이행에 대한 국내·외의 요구가 점차 강해지고 있다. 그럼에도 현재와 같이 가스가격에 연동되는 정산방식은 개별사업자가 국내기업의 직접 PPA 등에 응할 유인을 약화시켜 RE100 활성화를 방해할 가능성이 있다. 현재 방식을 경매방식으로 전환하면 국내기업의 RE100 활성화에 긍정적으로 작용하여 중장기적으로 재생가능에너지의 시장 전체가 더 커지게 된다.

이상에서와 같이 현재 RPS제도의 보급방식은 그 자체로 부작용과 불확실성을 유발할 뿐만 아니라 양적인 목표수치 달성에도 걸림돌로 작용할 가능성이 크다. 학업성적을 획기적으로 향상시키기 위해서는 공부시간만 늘인다고 되지 않는다. 공부방식의 개선이 전제되어야 소기의 목표를 달성할 수 있다. 우리나라 재생가능에너지의 핵심과제는 '보급목표의 양적 확대'보다 '보급방식의 질적 개선'에 있다.

— 〈에너지데일리〉, 2023.3.27.

탄소중립의 아킬레스건으로서
전력망 문제

탄소중립으로 세계에너지 패러다임이 급변하고 있다. 각 나라가 처한 여건에 따라 패러다임 전환의 여러 가지 과제들이 있겠지만 국내외 전문연구기관들은 한목소리로 전력망 확충을 공통의 핵심 과제로 언급하고 있다. 화석연료의 탈탄소화로 인해 전력수요가 지속적으로 증가하고 이를 무탄소로 충당하기 위한 간헐성, 변동성, 무관성의 재생가능에너지를 전력망에 안정적으로 수용하면서 이들 전력을 수요지로 송전할 수 있어야 화석연료 대체를 통한 탄소중립이 가능하기 때문이다.

우리나라 상황도 비슷하다. 외형상 탄소중립의 목표수치나 재생가능에너지 혹은 원전의 보급목표를 둘러싸고 논란이 많지만 정작 우리나라의 탄소중립에도 전력망 적기 확충이 제일 시급한 핵심과제다. 더구나 우리나라는 다른 나라에 비해 전력수요의 수도권 편중이 심해 수도권 송전망 자체가 이미 포화상태에 있다. 여기에 전기차, 데이터센터, 반도체 증설 등의 새로운 전력수요가 수도권 지역에 집중되면 상황은 더욱 악화된다. 반면에 현재의 발전설비조차 송전망 부족으로 이미 송전 제약에 걸려 있고 향후 증가할 재생가능에너지와 원전은 모두 수도권과 먼 지역에 집중되어 있다. 아무리 재생가능에너지나 원전을 증설하더라도 그 전력을 수송할 송전망이 없으면 무용지물이 되는 셈이다.

최근 정부가 서해안 HVDC 등 전력망 확충을 위한 특단의 대책과 관련 법을 마련하고 있는 것도 이러한 인식의 소산이다. 그 연장선상에서 우리나라는 다른 나라와는 구별되는 특수 상황을 고려한 대책 수립이 필요하다. 우선, 전력수급기본계획에서 전력망 확충계획의 중요성을 제고하되 계획수립의 순서를 바꿀 필요가 있다. 과거에는 발전설비 계획 후에 전력망 계획이 진행되는 방식이었다면 앞으로는 그 반대로 진행하거나 최소한 병행해야 한다.

둘째, 현재 전력망 계획을 포함한 전력수급기본계획을 하나의 단일안으로 하기보다 다수의 시나리오 안으로 설정하고 일정 주기로 재점검하는 방식이 필요하다. 이는 수도권 수요의 분산 상황이나 재생가능에너지 입지의 불확실성 때문이기도 하지만 향후 전기차 보급, 열, 수소활용 등에 따른 비전력부문과의 섹터 커플링에 따라 전력망 상황이 중장기적으로 변화될 가능성도 있기 때문이다. 따라서 전력망 확충 시나리오별 경제성 등 비교검토를 위한 구체적인 방법론이 필요하다.

셋째, 전력망 계획은 물론 운영 면에서 송전과 배전 간의 연계성을 강화할 필요가 있다. 특히 재생가능에너지 등 분산형 자원의 70% 정도가 배전망에 접속되고 이에 따라 배전망의 전력 흐름 및 과전압 문제가 발생할 가능성이 높다. 이 경우에도 배전망은 전체 송전계통의 안정성 하에 운영되어야 하기 때문에 양자 사이의 연계

협력과 정보공유가 필수적이다. 이를 위해서는 현재와 같이 한전은 배전망, 전력거래소는 송전망을 각각 분담하는 구조는 개선할 필요가 있다.

끝으로 이러한 전력망 확충의 실행 과정에서 가장 중요한 사회적 수용성과 재정적 안정성 그리고 추진 거버넌스 문제다. 전력망 확충의 가장 큰 애로사항이 사회적 수용성이란 점을 고려하면 최근 정부의 특별법 추진 등을 토대로 민간 외주의 전력망 건설이나 새로운 유인 보상 체계를 도입할 필요가 있다. 또한 한전의 적자로 인해 자금확보 및 조달비용상 애로를 겪지 않도록 한전의 망 사업 부문을 별도의 독립공사로 하여 현재 한전의 재무적 제약조건이나 사업상 이해관계에서 벗어나게 할 필요가 있다. 그리고 이를 현재 전력거래소와 연계하거나 통합하여 설비 계획과 전력망 계획, 송전망과 배전망 운영간의 연계성과 효율성을 제고하는 방안도 생각할 필요가 있다. 이는 전력망 확충사업의 중립성과 투명성을 제고하는 효과도 있을 것이다.

역사적으로 어떤 분야를 막론하고 패러다임의 전환은 기존의 사업방식과 구조를 과감하게 개혁할 때 가능했다. 에너지 패러다임의 전환 그리고 그 핵심으로서 전력망 혁신 역시 기존의 방식과 구조를 개혁해야 효과적으로 진행할 수 있다. 이러한 개혁 없이 막연한 기후정치나 서류상의 감축목표 수치만으로는 탄소중립 달성이 어렵다는 현실을 사회 전체가 공유하고 직시할 필요가 있다.

－〈에너지데일리〉, 2024.3.22.

분산에너지와 '마코위츠'

– 분산법의 조속한 입법화 –

'마코위츠(H. Markowitz)'란 이름을 모르는 분들은 있겠지만, '계란을 한 바구니에 담지 마라'는 분산투자 원칙을 모르는 분들은 거의 없을 것이다. 위험에 대응하는 분산투자의 '포트폴리오 이론'을 체계화하여 노벨경제학상을 받은 사람이 바로 마코위츠다. 마코위츠 이론이 금융투자에 관한 것이지만 에너지문제에도 종종 유익한 통찰을 제공한다.

지난 십여 년간 우리는 원전 혹은 재생에너지의 집중확대를 둘러싸고 심한 홍역을 앓은 바 있다. 하지만 전원의 3대 요소인 경제성, 환경성, 수용성을 모두 갖춘 발전원은 없다. 원전은 수용성, 화력발전은 환경성, 재생에너지는 경제성 측면에서 각각 한계를 안고 있다. 게다가 우리나라처럼 에너지 부존여건이 열악하고 유사시 외국으로부터 전력수입이 불가능한 상황에서 특정 전원에 과도하게 의존하는 것은 위험하다. 마코위츠의 통찰처럼 '전원의 분산구성' 즉 전원 믹스가 필수적이다.

그간 논쟁으로 드러나지 않았지만, 전원의 분산구성보다 더 중요한 것이 바로 '분산에너지 문제'다. 우리나라 전력수요는 수도권에 집중된 반면 원전, 화력발전은 물론 최근 급증하고 있는 태양광 등 공급설비는 대부분 수도권에서 먼 지역에 집중되어 있다. 이로 인해 지역에서 발전한 전력을 수도권으로 보내기 위해 대규모 장거리 송전망을 지속해서 확충해 왔다. 장거리 송전망은 송전 기술상 위험이 클 뿐만 아니라 근래 강원도 산불사례에서 보듯이 여러 가지 사고위험에 노출되어 있다. 기술 및 사고위험은 차치하고 밀양 지역에서 경험한 바와 같이 송전망 건설 자체가 심각한 사회적 갈등과 건설 불확실성을 유발한다.

문제는 앞으로 이러한 추세가 가속화된다는 점이다. 최근 냉방에 이어 난방 및 취사도 전력으로 전환되고 있고, 전기차 보급확대로 수도권 전력수요는 더 증가할 것이다. 여기에 디지털 혁명으로 '전기 먹는 하마'인 데이터센터가 수도권 지역에 급증할 것으로 전망된다. 지금까지 원전이냐 재생에너지냐를 놓고 치열한 공방을 벌였지만 정작 수급상 더 중요한 것은 송전망 문제다. 그동안 도로는 생각하지 않고 어떤 차량을 집중적으로 구매할 것인가만 놓고 논란을 벌인 셈이다.

이처럼 전원의 분산구성을 하더라도 송전망 사고나 부족은 또 다른 위험요소다. 마치 분산투자를 하더라도 주식시장 자체가 붕괴되는 시장위험은 피하기 어려운 것과 마찬가지다. 마코위츠의 관점에서 그 대응방안은 '위험자산(주식)과 무위험자산(현금, 국채) 간의 영역분산'이라면 송전망 위험의 대응방안은 '수급 양측의 지역분산'이다. 즉 전력요금을 지역별로 차등하거나 수도권에 위치할 발전설비에 추가수익을 제공하는 경제적 유인과 함께 수도권의 대규모 수요처 증설을 규제하거나 자가발전 의무를 부여하는 규제조치 등을 생각해 볼 수 있다. 이런 지역분산은 송전망 건설의 최소화는 물론 송전망 사고 시 전국 정전으로의 확산 위험을 줄이고, 각 지역에 적합한 수요절약이나 분산형 전원과 같은 에너지 신산업도 촉진한다.

최근 '분산에너지 활성화 특별법'이 국회에서 논의되고 있다고 한다. 과거 정쟁으로 입법이 지연된 것과 달리 지금은 새 정부 들어 여야 간 협의로 진행되고 있어 바람직하고 반가운 일이 아닐 수 없다. 특정 정당의 독주보다는 정당 간 합의에 따른 입법이 정책 갈등이나 위험을 줄이는 길이기 때문이다. 이런 의미에서 마코위츠 이론은 금융투자나 에너지문제를 넘어 정치학적 통찰까지 시사하는 듯하다. 모쪼록 특별법이 여야합의를 거쳐 조속한 시일 내에 입법화되기를 기대한다.

― 〈파이낸셜 뉴스〉, 2023.2.5.

분산에너지 활성화를 위한
지자체의 역할

　　대규모 중앙집중형 에너지 중심에서 지역분산형 요소를 강화하는 '분산에너지 활성화 특별법'(이하 '분산법')이 오랜 논의 끝에 최근 통과되었다. 환경에 부담을 주는 전통적인 대형발전원과 그 전력 수송을 위한 송전망이 유발하는 사회적 갈등을 극복하고 수요지 인근에서 저/무탄소의 분산형 전원으로 전력을 공급하는 분산에너지 시스템을 구축한다는 점에서 이번 분산법은 우리나라 에너지 패러다임 전환과 탄소중립 구현은 물론 국가균형발전도 도모하는 의미를 지니고 있다. 더구나 정치적 대립이 심화되는 상황에서 여야와 관련부처가 노력하여 합의를 도출한 것은 더욱 반가운 일이다.

　　일부에서는 분산편익의 지원부재 등 아쉬움을 나타내지만 분산화의 구체적인 정책수단을 법적으로 제도화했다는 점에서 이번 분산법은 이전 논의와 구별되는 의미를 지닌다. 특히 지역단위의 전력수급이란 분산법의 취지에 비추어 볼 때 중앙정부와 함께 앞으로 지방정부의 역할 매우 중요해질 것으로 보인다.

　　우선, 이번에 도입된 '특화지역'은 수도권의 '계통영향평가'와 함께 지자체 입장에서 주목해야 할 요소다. 주지하는 바와 같이 현재 어려운 송전망 건설 여건속에서 전기차와 데이터센터 그리고 반도체 클러스터로 인해 수도권의 전력수요는 지속적으로 증가할 것으로 전망된다. 반면에 재생에너지 지역편중과 원전 계속운전 등으로 송전제약이 심한 지역의 과잉발전과 출력제어는 점점 심화될 것으로 전망된다.

분산법에 따르면 향후 수도권에 입지할 대규모 전력 수용가들은 필요전력을 자가발전을 통해 해결하거나 송전망 여건이 우호적이거나 출력제어가 심화되는 해당 지자체에 입지해야 한다. 따라서 해당 지자체는 특화지역의 전력 직거래와 특례요금 등 전력수급상 장점과 함께 산업입지에 따른 인력, 주거, 사업인프라 등 패키지형의 지원제도를 병행하여 산업체의 지역입지를 유도하고 지역경제의 활성화와 함께 특화지역의 에너지 신산업을 육성할 필요가 있다.

한편 '지역요금제'는 요금부담의 공정성을 기하고 중장기적으로 분산에너지를 활성화하기 위한 중요한 조건중 하나다. 다만 현재 변동비 규제하의 단일도매시장(SMP)의 한계로 인해 도매가격차등(LMP) 방식은 도매시장개혁과 병행하여 점진적으로 추진하고 현재로는 지역신호가 전혀 없는 송전요금을 대규모 수용가에 국한하여 차등하는 방향으로 접근하는 것이 바람직하다.

이와 관련하여 지자체가 유의할 점은 우리나라의 낮은 전력요금 및 향후 현실화를 감안한다면 지역요금제로 해당 지자체의 전기요금이 지금보다 낮아진다기 보다 수도권 대비 요금인상율이 차등되는 것으로 생각할 필요가 있다. 또한 이러한 지역요금제를 진전시키기 위해서는 수도권의 수용성 제고를 위한 지자체의 다각적인 노력이 필요하다. 십여년전 수도권 지자체장들의 지역요금제에 관한 전향적인 선언이 있었음에도 이후 선거 등의 정치적 이해관계로 별 진전이 없었던 점을 상기할 필요가 있다. 이번에 지역요금제의 법적 기반은 마련되었지만 구현과정상 중요한 사회적 수용성과 논의 지속성을 높이기 위해서는 수도권과 해당 지자체간의 공식적인 논의창구를 마련할 필요가 있다. 이와 함께 과도한 정치적 영향력을 최소화하기 위해 지역요금제의 도입시기와 방식 등은 현재 전기위원회의 위상과 중립성을 강화하여 여기서 결정하는 것 역시 도움이 될 수 있다.

이상의 과정을 거쳐 분산법의 입법취지와 실행가능성을 높여간다면 오랜 기간 정치적 및 지역적 갈등과 대립을 유발했던 에너지 문제를 대화와 합의로 해결하는 계기가 될 수 있다. 이번 분산법이 에너지 패러다임의 전환을 넘어 에너지문제의 대립과 갈등 패러다임도 넘어서는 계기가 되기를 기대한다.

― 〈에너지데일리〉, 2023.6.15.

분산형 전원의 활성화와
수소의 역할

　최근 기후변화로 인한 탄소중립 구현과 우크라이나 사태로 인한 에너지수급 문제가 모든 나라의 에너지문제의 핵심과제로 부상하고 있다. 각 나라의 여건에 따라 다소 차이는 있지만 두 가지 과제에 대응하는 공통기조는 화석연료 중심의 에너지를 무탄소의 전력이나 이를 통해 생산되는 수소로 전환하는 것이다. 재생에너지나 원전 등은 무탄소이면서 화석연료 수입의존을 줄여 에너지수급 안정에도 기여하기 때문이다.

　우리나라 역시 이러한 무탄소 전력의 역할이 중요해질 것으로 판단되며, 최근 이와 관련하여 두 가지 전원의 보급목표 조정을 놓고 논란이 발생하기도 했다. 하지만 재생에너지냐 원전이냐의 논란보다 더 중요한 문제는 전력수요와 공급지역 간의 괴리에 있다. 모두가 알고 있듯이 우리나라 전력수요는 수도권에 집중되어 있다. 여기에 '전기 먹는 하마'이면서 디지털경제의 핵심인 데이터센터의 거의 90%가 수도권에 입지할 예정이고, 탄소중립을 위한 전기차 확대 역시 수도권의 전력수요를 증가시킬 것이다.

반면에 우리나라 발전설비는 모두 수도권에서 멀리 떨어진 곳에 있다. 원전은 물론이고 분산형으로 기대를 모았던 재생에너지 역시 태양광의 거의 70%가 영호남의 남부지역에 집중되고 있고, 우리나라 재생에너지 발전비중을 좌우할 해상풍력은 서남해에 건설될 예정이다. 21세기 큰 흐름인 '디지털화(Digitalization)'와 '탈탄소화(Decarbonization)'가 수도권으로 송전망 여건이 이미 한계에 도달한 상황에서 전력 수요와 공급간 괴리를 심화시켜 예전에 경험했던 송전망 갈등과 수도권 전력수급의 불안정을 다시 유발할 가능성이 크다.

이에 대한 효과적인 대책은 수급의 '분산화(Decentralization)'다. 지역별 요금차등으로 수도권에 몰리는 대규모 수요처를 지방으로 유도하되 수도권 경제의 지방분산 한계를 감안하여 수도권 도심지에 분산형 전원을 확대하는 방안을 마련해야 한다. 현재 기술여건상 도심지에 설치할 수 있고 간헐성이나 변동성 없이 24시간 안정적으로 전력을 공급할 수 있는 대안 중 하나가 가스기반형 수소연료전지다. 현재 발전원가상 경제적 부담은 있지만 연료전지는 21세기 수소경제에 대비하기 위해 모든 국가가 중시하는 성장산업 분야 중 하나다

따라서 우리나라도 전력분야의 탈탄소와 지역간 수급안정을 위해 분산형 전원을 확대함과 동시에 미래 수소경제의 기반구축을 위해서 정책 지원을 통해 초기시장을 형성하여 비용하락과 기술개발을 촉진할 필요가 있다. 전 세계가 21세기 에너지분야의 핵심기조를 '디지털화', '탈탄소화' 그리고 '분산화'의 '3D'로 정의하고 선진 각국이 분산형 전원으로서 수소연료전지를 육성하는 것도 이와 무관하지 않다.

— 〈한국일보〉, 2022.12.7.

에너지 '신산업'과 '에너지의 신산업화'

에너지 '전통산업'과 대비되는 에너지 '신산업'이 선언된지 십여 년 이상이 흘렀다. 그 동안 정부와 업계 등 각계각층의 노력에 힘입어 일부 성과와 진전도 있었지만 전반적으로 본다면 당초에 기대한 만큼 진행이 되지 않은 것 역시 사실이다. 일부 분야는 현상 유지에 그치거나 개점 휴업 수준에 머물러 있는 경우도 있다. 최근 탄소중립에 대한 관심이 고조되면서 에너지 신산업의 역할이 더욱 중요해지고 있어 우리나라도 특단의 대책이 필요한 실정이다.

이런 상황에서 최근 발표된 『새 정부의 에너지정책 방향』이 5대 기본방향의 하나로 '에너지 신산업의 수출산업화 및 성장동력화'를 표방한 것은 시의적절하고 반가운 일이다. 그 구체적인 내용은 올 하반기에 수립될 관련 정부계획을 통해 구체화될 것으로 판단된다. 정부의 에너지 신산업 활성화 방향에 동의하면서 이와 관련하여 3가지 당부사항을 덧붙이고자 한다.

첫째, 우리가 안고 있는 에너지 신산업의 제약조건을 해소하는 것이다. 경제학의 산업성장이론에 따르면 초기산업이 기반을 갖추고 주력산업으로 성장하기 위해서는 기술력 등 산업 및 기업 자체의 '혁신역량'도 중요하지만 이들 초기산업이 성장할 수 있는 '사회 경제적 여건'을 마련해 주는 것도 매우 중요하다.

이 가운데서 가장 중요한 것은 '시장창출'과 이를 위한 '시장제도 개선'이다. 우리 전력산업의 경우 소매시장과 도매시장에 대한 정치개입과 요금왜곡으로 에너지 신산업이 성장할 수 있는 시장기반이 매우 빈약한 실정이다. 오랜 소매요금의 통제에 이어 최근 전력 도매시장에 대한 상한제도 거론되고 있어 우려되는 점이 있다. 불가피한 비상조치라 하더라도 그 기간은 최소화하고 차제에 근본적인 대책. 즉 도매시장의 구조자체를 바꾸는 것이 바람직하다. 소매요금 결정의 독립성을 강화하여 시장원가형 요금제도를 마련하고, 도매거래의 실시간 시장과 계약거래 그리고 보조서비스 시장을 활성화하면 에너지 신산업도 다소 숨통을 틔울 수 있을 것이다.

둘째, 아직 에너지 신산업의 구체적인 내용이 상세히 드러나 있지 않지만 원전, 수소, 태양광 및 풍력 그리고 이와 관련된 제도개선 등을 언급하고 있다. 이들은 모두 미래 기술로 중요하며 지속적인 관심이 필요한 분야라고 판단된다. 단 이전 정부와 정책상 차별성을 강조하기 위해 원전의 중요성을 강조하는 것은 좋으나 이로 인해 에너지 신산업도 원전 중심으로 가는 것이 아닌가라는 우려가 있을 수 있다. 에너지 신산업은 말 그대로 여러 가지 가능성을 고려하여 가능한 다양한 옵션과 고른 지원이 바람직하다.

셋째, 이제는 전통산업과 대비하는 에너지 '신산업'이란 관점을 넘어서 에너지 자체의 신산업화, 즉 '에너지의 신산업화'로 시야를 확대할 필요가 있다. 국제에너지기구(IEA) 등 유수의 국제전문기관들은 탄소중립으로 인해 현재의 기술이나 발전원이 아닌 새로운 기술이나 발전원이 등장할 것으로 전망하고 있다. 모든 기술발전의 사례를 보면 완전히 새로운 기술도 중요하지만 과거의 기술과 신기술간의 하이브리드도 중요한 의미를 지닌다.

에너지의 경우에도 전통적인 수요절약이 4차 산업혁명의 스마트 기술과 결합하여 새로운 유형으로 탈바꿈하고 있으며, 공급 역시 재생에너지나 저장장치만이 아니라 원전, 석탄, 가스의 전통산업도 다양한 신기술과 결합하여 이른바 '신산업화'될 가능성이 있다. 탄소중립시대에는 에너지를 신·구로 구분하기보다 에너지 자체를 신산업화하는 큰 시각으로 접근할 필요가 있다. 새롭게 출범한 정부가 에너지 '신산업'을 활성화하고 '에너지의 신산업화'에도 좋은 성과를 거두기를 기대한다.

— 〈투데이에너지〉, 2022.7.11.

탄소중립과 우리나라
2차전지 산업

　2050년 탄소중립이 당위적 차원에서는 중요하나 냉엄한 현실을 보면 불확실한 요인도 적지 않다. 탄소중립을 견인할 강력한 세계 정치거버넌스의 부재, 자국부담을 줄이면서 다른 나라의 감축노력에 편승하려는 무임승차 경향, 이들 두 가지 문제의 유일한 해법인 국제 협력을 저해하는 패권경쟁 심화 등이 그 사례다.

　시야를 국내로 좁혀 보면 불확실성은 더 커진다. 전력시장 개편과 같이 감축에 중요한 제도개선보다 목표수치에 대한 집착이나 집권 정부마다 급변하는 에너지정책이 그 사례다. 다행히 산업이나 시장으로 눈을 돌려보면 일말의 기대를 갖게 만드는 요인도 있다. 그 중의 하나가 수송부문의 탄소중립으로 부상하고 있는 전기차와 2차전지 산업이다.

　특히 2차전지는 수송부문을 넘어 발전부문에서 재생가능에너지 보급에 따른 저장장치(ESS)나 전력계통에서 송전건설이나 운영제약을 극복하는 NWA(Non-Wire Alternatives)에도 필요하다. 또한 4차 산업혁명의 기술특성중 하나인 모바일 특성으로 인해 휴대폰에 이어 가전, 공구, 로봇, 드론 등에도 활용된다. 물론 시장규모에서 핵심은 전기차 보급이고 아직 예단할 수는 없지만 이로 인해 자동차산업 구조 자체의 대변혁까지 거론되고 있다.

2차전지 산업의 경우 양적 비중은 크지만 공정한 경쟁이 제한되어 있는 중국시장을 제외하고 우리나라가 세계 시장과 산업을 주도하고 있기 때문에 우리 2차전지 산업은 전 세계 수송부문의 탄소중립에 기여하면서 한국경제의 도약을 도모할 수 있다. 이를 위해서 앞으로도 세계 시장과 산업에서 우리의 우위를 계속 지켜나갈 필요가 있다.

우선, 같은 2차전지로서 우리나라 삼원계(NCM)가 중국의 인산철(LFP)에 비해 에너지효율이나 계절별 특성 등에서 우위에 있으나 관련 소재의 중국 의존 비율이 높다는 약점이 있다. 더구나 최근 미국의 '인플레이션감축법'(이하 IRA)에서 2차전지의 중국산 소재에 대한 견제가 지속되고 있어 중국 의존도를 지속적으로 줄여나갈 필요가 있다. 다행히 일부 국내 업체들이 남미, 호주, 동남아시아 지역에서 관련 광물을 확보하고 있고, 미국의 IRA가 아직 불확실성은 있으나 규제대상을 '특정 국가'가 아닌 '우려 기관'으로 지정하고 있어 우리 국경내에서 합작이 가능한 중국업체와 협력 방안도 옵션중 하나다. 하지만 예측불허의 국제관계를 감안해 볼 때 최대한 중국 의존도를 낮추는 것은 가장 중요하고 필수적인 과제다.

둘째, 우리나라 삼원계(NCM)에 비해 가격 경쟁력에서 장점을 지니고 있는 중국의 인산철(LFP)에 대한 대응책도 병행할 필요가 있다. 물론 가격과 성능을 종합해서 보면 우리나라 삼원계 역시 경쟁력이 있으나 삼원계에 필요한 광물이나 소재 가격에 따라 비교

우위는 달라질 수 있다. 따라서 가격면에서 인산철에 준하면서 성능 면에서 우수한 2차전지를 지속적으로 개발할 필요가 있다. 세계 산업과 시장을 계속 주도하기 위해서 새로운 양극재 기술개발이나 기술개발 여지가 큰 음극재에 대한 차세대 기술개발은 필수적이다.

셋째, 우리나라 삼원계(NCM)는 중국산 인산철(LFP)에 비해 재활용 시 고가의 소재를 회수할 수 있기 때문에 리사이클링의 장점을 강화하고 홍보할 필요가 있다. 특히 미국의 IRA에 해당하는 유럽의 '핵심원자재법(CRMA)'은 소재의 역내 조달을 언급하면서 환경보호와 광물안보를 위한 2차전지의 리사이클링을 강조하고 있는데 이는 우리나라 삼원계에 유리한 측면이 있다. 경제학적으로 보더라도 전기차 구매비용을 따질 경우 구매시 비용만이 아니라 폐기되는 2차전지의 잔존가치를 감안한 '전과정평가(LCA)' 기준의 가격 경쟁력도 강조할 필요가 있다.

이처럼 2차전지는 전 세계의 탄소중립에 기여하면서도 한국경제가 반도체에 이어 또 한번 세계시장의 리더로 부상할 수 있는 좋은 계기다. 파리체제의 불확실성과 국내 감축정책의 혼선을 고려해 볼 때 탄소중립을 실사구시적으로 구현할 수 있는 산업과 시장 그리고 기술개발에 더 많은 관심과 지원을 기울일 때이다.

— 〈에너지데일리〉, 2023.9.13.

제5부

좌담: 진영편향의
에너지정치 넘어서기

제5부는 특정주제에 관한 것이 아니라 앞의 1~4부에서 다룬 내용들을 좌담 주제에 맞게 편성한 좌담이다. 각 좌담의 주제가 조금 다르기는 하지만 세 가지 좌담의 공통점 역시 전력 및 가스산업에 대한 정부와 공기업 주도가 갖는 한계를 지적하고 정부와 시장간의 역할분담을 강조한 것이다.

흔히 전력이나 도시가스는 국민들의 일상생활이나 기업의 생산활동에 필수적인 서비스이고 1960년대 이후부터 지금까지 해당요금을 중앙정부와 지방정부가 결정하는 방식에 익숙해져 있기 때문에 일부에서는 이를 공공재로 잘못 이해하거나 당연히 정부와 공기업이 담당하는 것으로 생각하는 경우가 많다.

시계바늘을 거꾸로 돌려 보면 한 때 석유가격도 정부의 고시가격으로 결정했던 적이 있었다. 하지만 1990년대 초반이후 석유류가격은 정부의 유류세를 제외하고 현물시장에서 결정된다. 석유류 수요자들은 국제유가 상승으로 휘발유 등 석유제품의 국내가격이 오른다고 정부를 탓하지는 않는다. 정부 역시 물가문제는 걱정하나 이에 대해 정치적 부담을 느끼는 경우는 거의 없다. 이는 석유류가격은 시장에서 결정되고 수요자도 여기에 익숙해져 있기 때문이다.

전력이나 가스가격도 석유류와 마찬가지로 국제 에너지가격에 따라 변동하는 것은 당연하다. 하지만 이들은 석유류와 달리 정부가 가격을 결정하는 구조여서 수요자도 정부의 요금정책에 민감하게 반응하고 이로 인해 정부도 정치적 부담을 느끼는 것이다. 따라서 정부는 선거나 지지율을 의식해서 전력이나 가스가격을 통제하고 원가이하의 요금구조가 일상화되는 것이다. 모든 산업중에서 탄소 배출량이 제일 많은 전력산업에 탄소비용은커녕 공급비용조차 회수하기 어려운 가격을 지속하는 한 탄소중립과 온실가스 감축은 어려울 수 밖에 없다. 전력과 가스도 정부개입을 줄이고 시장에서 가격을 결정하면 수요자들은 가격변화에 반응하면서 다양한 방식으로 수요절약에 노력하고 기업들도 수요절약을 위해 다양한 투자를 하게 된다. 정부도 연례행사처럼 돌아오는 각종 선거에서 부담을 느끼지 않고 가격변동에 따른 정치적 부담에서 벗어날 수 있다.

이러한 관점하에 첫번째 좌담은 탄소중립과 관련된 온실가스 감축목표에 대한 진단과 함께 전력부문의 시장기능 제고 등을 다룬 것이다. 두번째 좌담은 전력부문에서 정부 주도와 공기업 독점을 옹호하면서 역설적으로 도전적인 온실가스 감축목표를 강조하는 모순적인 상황에 대한 진단과 인식전환을 다룬 것이다. 세번째 좌담은 우크라이나 전쟁으로 인한 가스가격 폭등을 계기로 우리나라 가스요금과 아울러 전력요금 등에 대한 결정 거버넌스 개선과 독립 규제위원회의 필요성을 강조한 내용이다.

요컨대 탄소중립과 온실가스 감축은 정부주도의 계획수치만으로 되는 것이 아니라 민간과 시장의 역동성이 가미되어야 탄력을 받을 수 있으며, 정치구호에 강건한 시장신호가 결합될 때 실현가능성이 높아진다는 점을 인식할 필요가 있다.

에너지전환, 정치구호만 있고
시장신호는 없다

"진보진영의 아이러니입니다. 정부계획과 요금통제로 일관하면서 에너지전환과 탄소중립을 달성하기란 힘듭니다." 조영탁 한밭대 교수(전 한국전력거래소 이사장)는 이렇게 말문을 열었다. 생태경제학자인 그는 원전과 석탄의 안정적 축소, 가스발전과 재생에너지 확대에 누구보다도 목소리를 높여왔다.

하지만 경직된 전력산업 및 시장구조에서는 2050 탄소중립이나 에너지전환의 불확실성이 크다고 우려를 표했다. 전력요금에 대한 통제 완화 등 전력시장의 유연화와 함께 정부와 민간 간의 역할 분담이 이루어져야 탈탄소사회가 가능하다는 게 그의 주장이다. 조 교수와의 인터뷰는 18일 오후 서울 강남 선릉역 인근에서 이뤄졌다. (질문/답변 정리: 김아영 기자)

[질문] 탄소중립 과정의 나침반이 될 수 있는 에너지, 전력 수요 전망은 전문가들 사이에서도 의견이 다양하다. 탄소중립 2050 시나리오안을 만들 때도 반복됐다.

[답변] 전력수요 전망은 기온, 소득수준, 산업활동 등에 따라 달라진다. 최근 이상기후로 단기 예측이 더 어려워졌다. 게다가 중장기적으로 미래 경제활동과 산업구조를 예측하는 일이 쉽지 않다. 여기에 4차 산업혁명으로 산업구조가 어떻게 바뀔지, 전기자동차 보급 확대로 종전 화석연료가 전력으로 얼마만큼 변화할지도 가늠하기 어렵다. 단기든 중장기든 과거보다 수요예측 불확실성이 커지는 추세다.

그럼에도 수급위기가 발생하지 않도록 '예측 정확성'은 높여야 한다. 하지만 '예측보다 대응이 중요하다'는 주식시장의 격언처럼 불확실성이 커지는 전력시장 역시 '유연한 대응'이 더 중요해졌다. 수급 불안정시 수요를 줄여주는 절약프로그램이나 가스터빈 양수발전 전력저장장치(ESS)처럼 신속하고 유연하게 전력을 공급할 수 있는 설비를 안정적으로 확보해야 한다. 발전량 조절이 불가능한 재생에너지가 증가할수록 유연한 자원은 더 필요하다.

문제는 이러한 프로그램이나 설비에 돈이 많이 든다는 점이다. 전력요금이 정부통제를 받다보니 이에 대한 정당한 대가를 지불하지 못하고 있다. 전력요금과 시장에 대한 통제가 지속되면 누가 그런 프로그램이나 유연한 설비에 참여하고 투자하겠나.

[질문] 이런 문제의식은 오래 전부터 있어왔다. 하지만 늘 해결이 되지 않는데, 대책이 있나.

[답변] 전력요금을 사실상 정부가 통제하고 결정하기 때문에 요금문제는 곧바로 정치문제로 비화한다. 이런 체제하에서 불확실성 대응은 물론 에너지전환이나 탄소중립에 가속도가 붙기 어렵다.

높은 비용의 유연한 자원이나 재생에너지가 증가하면 전력요금 인상은 피할 수 없다. 이렇게 되면 진보든 보수든 어느 정부가 요금 현실화 얘기를 꺼낼 수 있겠나.

소비자 입장에서 봐도 그렇다. 우리나라 소비자들은 휴대전화 요금처럼 자신의 소비패턴에 맞는 전력요금을 선택할 권리가 없다. 365일 같은 식단으로 식사하는 셈이고 소비자주권에도 어울리지 않는다. 이러한 획일적이고 경직적인 요금체제하에서 어떻게 에너지전환이나 탄소중립에서 제일 중요한 수요자의 에너지절약이나 행위변화를 기대할 수 있나.

장기적 해법은 정부가 전력요금을 통제하고 결정할 것이 아니라 전력시장에서 제공되는 다양한 요금제를 소비자가 선택하는 체제다. 당장 그 여건이 안 되기 때문에 중간단계로 정부와 독립된 규제위원회(가칭)를 만드는 방안을 생각해 볼 수 있다. 규제위원회에서 전력요금을 검토하고 규제하는 식이다. 물론 이 역시 단점이 있지만 적어도 전력요금이 곧바로 정치문제로 번지는 문제는 완화할 수 있을 것이다.

[질문] 전력산업은 공공재이기 때문에 정부가 주도하고 통제해야 한다는 지적도 있다.

[답변] 우선 전력이 공공재(public good)란 인식부터 바로잡을 필요가 있다. 공공재란 돈을 지불하지 않으면서 공짜로 소비가 가능한 상품을 말한다. 시장거래가 안되기 때문에 정부가 세금으로 전담해서 공급하는 것이다. 하지만 전력은 공공재가 아니라 비용을 지불하지 않으면 소비할 수 없는 일반 상품이다. 다만 일상생활 및

경제활동에 필수적인 재화다. 필수적인 재화라고 해서 무조건 정부가 전담해야 하는 것은 아니다. 경제협력개발기구(OECD) 회원국 대부분은 전력공급이나 판매의 경우 공기업도 일반기업도 하고 있다.

장기적으로 전력시장은 공기업과 일반기업 등 다양한 성격과 유형의 사업자가 참여하고 소비자는 여러 가지 요금제에서 선택하는 체제가 되어야 수요 절약이나 공급 혁신이 가능해진다. 정부는 △저소득층에 대한 에너지복지 강화 △전력요금 및 시장에 대한 공정한 심판 △온실가스 감축과 에너지전환을 위한 규제라는 고차원적인 역할을 해야 한다. 일부에서 시장 중심 체제 단점이나 선입견으로 정부주도 및 계획중심의 에너지전환과 탄소중립을 애기하는 경우가 있기는 하다. 하지만 심판(정부)과 선수(시장)의 역할은 구분해야 한다. 심판과 선수가 구별되지 않는데 경기 공정성과 선수의 경기력 향상이 가능하겠나.

[질문] 기존 관성에서 탈피해 급격하게 변화해야만 하는 상황에서 정부가 주도할 수밖에 경우도 있지 않나.

[답변] 에너지전환에서 정부 역할은 중요하다. 문제는 에너지전환을 전력산업 및 시장 그리고 전력망이라는 '전력체제 전체의 전환'으로 생각하지 않고 '재생에너지 보급 확대'로만 좁게 본다는 점이다. 그러다 보니 계획상 보급수치만 높이면 에너지전환이 된다고 생각하고 무리한 수치가 등장, 현실에서 여러 가지 부작용이 발생하는 것이다.

에너지전환이든 탄소중립이든 전력산업과 시장이 바뀌어야 가능하지 정부계획에 수치가 들어간다고 되지 않는다. 현실은 '정치구호'가 아니라 '시장신호'에 따라 바뀐다. 정부가 교체될 때마다 정치구호와 계획수치는 엄청나게 바뀌는데 전력산업과 시장구조는 요지부동인 것은 그 단적인 증거다.

[질문] 최근 2030 국가 온실가스 감축 목표 등 에너지전환을 둘러싼 갈등의 골이 깊다.

[답변] 온실가스 감축은 당연히 필요하지만 2030년 온실가스 감축 목표의 과감한 상향은 현시점에서 깊은 고민이 필요하다고 생각한다. 첫째, 우리나라의 경우 국가 온실가스 배출량이 1990년 이후 지속적인 감소추세를 보인 OECD국가와 달리 2.5배(2018년)로 늘었다. 전속력으로 달리는 자동차를 갑자기 유턴하면 위험과 부담이 크다. 둘째, 우리나라의 제조업 비중이 매우 높고 에너지다소비 산업이 많다. 획기적인 감축에 필요한 기술들도 2030년 이후에 개발될 예정이어서 수년 내의 감축여력이 적다. 셋째, 전력산업도 이미 석탄설비를 축소하고 가동률 제한 조치를 취한 상태여서 추가적인 감축여력이 많지 않다.

이상의 3가지 이유로 우리나라는 2030년 감축목표 상향을 최대한 보수적으로 하고 2030년 이후에 감축 가속페달을 밟는 것이 현실적이다. 이것은 여야 혹은 보수진보 간의 정쟁거리가 아니라 한국경제의 현실문제다. 더구나 탄소중립의 핵심 분야인 전력산업과 시장에 대한 통제체제를 고수하면서 감축목표의 과감한 상향이나 탄소중립을 얘기하는 것 역시 또 하나의 아이러니다. 학생의 자율학습권은 강력하게 통제하면서 목표성적은 학칙으로 정하자는 셈이다. 이는 정부계획에 목표수치만 넣으면 현실은 그렇게 될 거라고 생각하는 사고의 연장선상이다.

[질문] 에너지 금융 인공지능의 융합 등 예전에는 없던 신산업들이 생겨나고 있다. 이를 독려할 수 있는 방법은 무엇인가.

[답변] 경직적인 통제 체제하에서는 새로운 융합과 혁신이 일어날 수 없다. 경직적인 통제 체제를 완화하면서 에너지산업 내부에서 전력 가스 열난방 간의 칸막이를 제거해 융합과 혁신을 유발해야 한다. 그렇게 되면 에너지와 다른 분야와의 융합도 보다 효과적으로 일어날 수 있다. 다른 나라에는 이미 오래 전부터 에너지 신산업이 활성화되고 많은 일자리도 창출되고 있다. 하지만 우리나라의 경우 에너지 신산업이란 '정치구호'가 등장한 지 십년이 더 지났는데 왜 아직 제자리인지 냉철하게 생각해 볼 필요가 있다.

— 〈내일신문〉, 2021.8.30.

정부 교체 5년마다 원전 확대-폐기 반복 땐 탄소중립 실패

"이명박 정부는 국가온실가스감축목표(NDC)에서 재생에너지를 배
제했고, 문재인 정부는 원전을 배제했다. 정책 방향은 정반대였지만,
사회적 합의 없이 현실성 없는 에너지정책을 결정한 것은 똑같다."

전력 및 에너지 전문가인 조영탁 한밭대 교수(전 전력거래소 이사
장)는 한겨레경제연구소와 인터뷰에서 역대 보수·진보 정부가 모
두 에너지 문제를 진영 편향적으로 접근하다가 실패했다고 진단했
다. 그는 "에너지정책은 백년대계로 수십년 앞을 내다봐야 하는데,
5년 주기로 정권이 교체될 때마다 원전 확대와 폐기를 반복하는
악순환이 벌어지면 성공할 수 있겠느냐"고 쓴소리를 했다. 그는
윤석열 정부의 탈원전 폐기에 대해 "이명박 정부 때처럼 극단적인
원전 편향으로 가지는 않겠지만, '원전 최강국' 표현은 조심해야
한다"면서 과거 정부의 실수를 반복하지 말 것을 당부했다.

조 교수는 한전 적자와 전기요금 논란에 대해 "정부와 정치권이
전기요금 문제를 표와 연결시켜 정치화하면서, 신산업 창출과 기

술개발을 막고 전기 절약을 끌어내지 못하는 게 진짜 에너지 위기"
라고 진단했다. 그는 "정치권이 요금 인상이 불가피하다고 국민을
설득해야 하고, 정부의 자의적 개입 대신 독립적인 규제위원회를
통해 전기요금을 결정해야 한다"고 제안했다.

조 교수는 "보수와 진보 모두 진영논리에 따른 프레임 공방은
그만하고, 현재 할 수 있는 일과 할 수 없는 일을 구분해서, 여야
합의로 탄소중립을 위해 반 걸음이라도 나갔으면 좋겠다"면서 "보
수와 진보가 이념적 거리와 간극을 좁히는데 중재역할을 해서, 실사
구시의 에너지정책에 대한 사회적 합의가 이뤄지도록 미력이나마
보태고 싶다"고 밝혔다. 조 교수와의 인터뷰는 25일과 19일 두차례
에 걸쳐 직접 대면과 전화통화로 진행됐다. (질문/답변 정리: 곽정수
선임기자)

[질문] 문재인 정부가 지난해 2030 엔디씨(NDC)를 설정할 때부터
2018년 기준 40% 감축 목표가 현실적으로 실현 불가능하다고 주
장했는데?
[답변] 우리나라의 온실가스 배출량은 그동안 지속해서 증가해왔다.
1990년대부터 감소세를 보여온 선진국과 차이가 크다. 또 제조업
비중이 28%로 미국·유럽보다 높고, 에너지 다소비산업이 많다.
온실가스 감축 신기술은 2030년 이후에나 상용화될 전망이다. 전
력부문의 감축도 원전 계속 운전, 화력발전 배제 속에 재생에너지
의 확대로만 달성하기 쉽지 않다. 2030년 감축목표를 최대한 보수
적으로 잡고, 이후 감축을 위한 가속 페달을 밟았어야 했다.

[질문] 2030년까지 재생에너지 비율을 현재의 5%대에서 30%로 높이는 목표는 어떤가?

[답변] 힘들다. 첫째 물리적으로 재생에너지 보급이 어렵다. 문재인 정부가 열심히 노력했지만 연간 4~5GW 확충하는데 그쳤다. 이런 추세라면 현재의 20GW에 2030년까지 40GW가 추가된다. 목표치인 120GW의 1/2에 그친다. 더구나 태양광 보급은 입지 제약으로 갈수록 어려워질 것이다. 둘째 태양광과 풍력의 수도권 송전망 건설이 쉽지 않다. 셋째 안정적인 전력망 운영은 또 다른 장애요인이다. 재생에너지의 변동성과 간헐성 보완에 대량의 에너지 저장장치(ESS·양수설비)가 필요하다. 장기적으로 재생에너지와 저장장치 투자에 모두 800조~1000조가 필요하다는 전망도 있다. 연간 전력거래액 60조원의 13~17배에 달한다. 더구나 우리는 유럽이나 미국과 달리 고립계통망이다. 태풍, 장마 등으로 재생에너지 발전에 차질이 생겨도 국외에서 조달할 방법이 없다. 문재인 정부는 이런 현실을 무시했다.

[질문] 문재인 정부가 무리한 결정을 했다는 것인데, 그럴 이유가 있었나?

[답변] 에너지 전문가들은 진작부터 어렵다고 얘기했다. 탄소중립 의지나 국제적인 압박을 고려해도, 이해하기 어렵다. 자기 진영의 주장만 옳다고 하고, 다른 진영의 주장을 무시하는 것은 일종의 '파시즘'이다. 문재인 정부의 결정은 탄소중립이라는 가치지향에는 동의하지만, 현실성이 없다. 선한 의도만 중요한 게 아니고 선한 결과까지 만들어야 한다. 정부가 에너지 계획을 세우면서 수치적

목표만 제시하고, 현실적 제약 속에서 목표달성을 위한 구체적인 방법을 내놓는 것은 등한시했다. 환경단체의 구호로는 상관없지만, 국정운영을 그렇게 하면 안된다.

[질문] 윤석열 정부는 국제사회와의 엔디씨 약속은 준수하되, 내년 3월까지 새로운 이행방안을 마련하기로 했다. 재계는 내심 새 정부의 약속 파기를 바라는 분위기인데.

[답변] 협약 상 선언한 감축목표를 낮추는 것은 금지돼 있다. 그래서 많은 전문가들이 무리한 30년 감축목표 설정에 우려를 나타낸 것이다. 이미 이명박 정부가 2009년 발표한 약속(2020년까지 배출 전망치 대비 30% 감축)을 지키지 않아 기후악당이라는 비난을 받은 바 있다. 더구나 이번에는 개도국의 자발적 목표가 아니라 공식적인 이행 약속이어서 미이행 시 국제적 신뢰가 크게 추락할 것이다.

[질문] 우크라이나 전쟁 이후 에너지 위기가 심각하다. 향후 국제사회의 탄소중립 추진도 영향을 받지 않겠나?

[답변] 공식적으로는 탄소중립을 지속할 것이다. 하지만 현실적으로는 화석연료에 대한 의존을 당분간 높일 수밖에 없을 것이다. 2020년대 중반까지는 에너지 안보와 공급 안정성이 탄소중립보다 강조될 가능성이 크다. 탄소중립에 앞장서온 독일도 최근 석탄발전 비중을 높이고 있다.

[질문] 역대 보수·진보 정부가 에너지 문제를 과잉정치화하고, 원전 및 재생에너지에 대해 진영 편향을 보였다고 비판하는데?

[답변] 이명박 정부와 문재인 정부의 감축목표는 모두 비현실적이다. 이명박 정부는 '저탄소 녹색성장'을 내걸고 원전 비중을 전체 발전량의 59%로 확대한다는 목표를 세웠지만, 불가능한 일이었다. 반대로 문재인 정부는 재생에너지 확대를 주장했지만, 역시 비현실적이다. 이명박 정부는 재생에너지를 배제하고, 문재인 정부는 원전을 배제했다. 두 정부 모두 사회적 합의 없이 일방적으로 에너지정책을 특정한 방향으로 결정했다. 에너지 문제를 단기적 시각으로 정치화한 탓이 크다. 재생에너지와 원전을 합리적으로 조화시켰어야 했다. 에너지정책은 백년대계로 최소 수십년 앞을 내다봐야 한다. 5년 주기로 정권이 교체될 때마다 원전 확대와 폐기를 반복하는 악순환이 벌어지면 성공할 수 있겠나.

[질문] 탄소중립 정책이 성공하려면 진영 중립적인 정책 거버넌스를 구축해야 한다고 제안했다. 새 정부는 탄소중립녹색성장위원회(탄중위)에 원전 전문가는 없고 시민단체 출신이 압도적이라고 주장했는데.
[답변] 많은 에너지 전문가들이 공통적으로 지적하는 내용이다. 탄중위는 원전이든, 재생에너지이든 특정 전원으로 편중되면 안된다. 골고루 구성돼야 한다.

[질문] 윤석열 정부는 탈원전 정책을 폐기했다. 청와대 산업정책 비서관과 과학기술 비서관을 모두 원전 전문가로 임명했다. '원전 편중' 아닌가?
[답변] 우려되는 부분이 있다. 하지만 윤석열 정부는 엠비처럼 극단

적인 원전으로 가지는 않을 것이다. 새 정부는 많은 사람으로부터 다양한 얘기를 들어야 한다. 원전 분야 사람들이 이전 정부에 대해 섭섭해 하는 마음은 이해할 필요가 있지만, 감성적 접근은 실수를 반복할 수 있다. 합리적인 원전과 재생에너지 전문가들이 중심이 되어 논의를 이끌어가야 한다.

[질문] 새 정부는 친원전과 재생에너지 조화 등 새로운 에너지 혼합으로 탄소중립을 달성하겠다고 한다. 2030 엔디씨 관련 '플랜 비(B)'를 제안했는데?
[답변] 동원 가능한 모든 옵션을 활용하는 '무지개 브릿지 전략'이 필요하다. 안전성을 전제로 원전의 계속 운전을 고려하고, 화력과 가스발전도 활용하되 탄소 발생을 줄이는 위한 기술개발 투자를 늘려야 한다. 수요 관리도 필요하고, 해외감축도 활용해야 한다.

[질문] 재생에너지 투자는 어떤가? 한국은 선진국과 달리 재생에너지의 발전원가가 원전보다 비싸다며 어렵다는 시각도 있는데?
[답변] 유럽은 원전·석탄·가스로 발전을 하던 시대에 에너지 전환을 시도했다. 당시 재생에너지가 비쌌지만 정책적 지원을 해서 관련 산업을 키웠다. 규모의 경제가 커지면서 코스트가 줄었다. 우리나라도 현재는 재생에너지가 비싸지만, 투자를 늘려야 한다. 중요한 것은 단순한 목표치 제시가 아니고, 기술개발과 산업생태계 구축이다. 독일은 재생에너지 산업을 키우면서 일자리가 생기고 수출 기회도 열렸다. 에너지 전환과 시장 전환, 산업육성이 함께 가야 한다.

[질문] 새 정부는 에너지 안보 및 탄소중립 수단으로 원전을 적극 활용하겠다면서 신한울 3·4호기 건설 조속 재개, 안전성 전제로 운영허가가 만료된 원전의 계속 운전, 2030년까지 원전 10기 수출 등으로 원전 최강국 도약을 약속했다. 가능한 일인가?

[답변] 원전의 역할을 재정립하는 차원으로 생각한다. 다만 '원전 최강국'이라는 표현은 자칫 다른 발전원은 소홀히 한다는 오해를 살 수 있어 조심해야 한다. 탈원전이 위험한 것처럼 원전 혼자 가는 것도 위험하기는 마찬가지다.

[질문] 일부에서는 원전 추가건설 필요성까지 제기된다.

[답변] 새 정부가 섣불리 원전 추가건설을 결정하지는 않을 것이다. 국민의 원전에 대한 수용성을 높이는 게 선결과제다. 수도권의 송전망 건설도 불확실성을 안고 있다. 사용후핵연료에 대한 논의도 서둘러야 한다. 문재인 정부는 정치적 부담을 이유로 논의를 중단시켰다. 유럽연합은 그린 택소노미(환경적으로 지속가능한 경제활동 범위)에 원전을 포함했지만, 고준위 폐기물 처리시설 운영계획을 2050년까지 마련하도록 했다. 주어진 시간이 많지 않다.

[질문] 한미정상이 원전 공동수출, 소형모듈원전(SMR)등 차세대 원전기술 개발협력에 합의했다.

[답변] SMR은 상대적으로 위험성이 작아 수용성이 높다. 전력망이나 폐기물 부담도 대형원전에 비해 작다. 하나의 옵션으로 기술개발에 힘쓸 필요가 있다. 미래 에너지 기술이 어떻게 발전할지는 아무도 모른다.

[질문] 한전이 올해 1분기 8조원 가까운 적자를 기록하면서 전기요금이 논란이 되고 있다. 지금과 같은 전기요금 통제방식으로는 탄소중립과 에너지전환의 실현은 어렵다고 했는데?

[답변] 에너지 전환을 위한 프로그램과 설비에 돈이 많이 든다. 전력요금 통제로 한전이 적자를 내는 것처럼 정당한 대가를 지불받지 못하면 누가 투자를 하겠나? 탄소중립과 관련한 신산업 창출과 기술혁신이 어렵다. 탄소중립 실현을 위한 '0순위' 수단인 에너지 절약도 기대할 수 없다. 소비자가 여러가지 요금제를 선택할 수 있어야 수요 절약이나 공급 혁신이 가능하다.

[질문] 전기요금 인상이 불가피하다고 보나?

[답변] 전기요금에 원가를 반영해야 한다. 독일과 일본은 우리나라의 2~3배 수준이다. 또 전기요금을 걷어서 에너지 전환에 필요한 투자도 해야 한다. 유럽은 1970년대부터 준비했다. 우리는 지금부터라도 시작해야 한다. 에너지 전환의 핵심은 탈원전이냐, 친원전이냐가 아니라 전기요금의 탈정치화이다. 정부와 정치권이 전기요금 문제를 표와 연결시켜 정치화한 것이 진짜 에너지 위기다. 정치권이 지금이라도 전기요금 인상이 불가피하다고 국민을 설득해서 협조를 구해야 한다.

[질문] 보수 진영은 한전의 대규모 적자가 탈원전 때문이라고 비판한다. 새 정부도 원전 발전량 감소로 한전 부채가 문재인 정부 5년간 13조 증가했다고 주장했다.

[답변] 과장이다. 월성 1호기 가동 중단 등을 포함해서 탈원전 요인을

모두 합쳐도 수천억원 수준일 것이다. 가장 큰 원인은 원료비 상승과 전기요금을 안올린 것이다. 다만 문재인 정부는 탈원전이라는 용어로 스스로 무덤을 팠다. 보수진영에게 공격할 프레임을 만들어 줬다. 탈원전에 대한 비판을 피하기 위해 전기요금도 올리지 않았다. 탈원전 논란은 에너지 문제를 정치적으로 접근하지 말라는 교훈을 남겼다.

[질문] 전기요금을 시장에만 맡길 수는 없지 않나?
[답변] 전기요금을 결정하는 전기위원회는 독립성이 없다. 정부의 거수기 역할만 한다. 독립적인 규제위원회에서 발전원가, 국가경제 부담, 물가 등을 고려해서 합리적인 절차를 거쳐 정해야 한다. 정부가 자의적으로 개입하는 대신 공공적 규제로 전환하자는 것이다. 에너지 가격 상승에 취약한 빈곤층에 대한 직접보조 등 에너지 복지제도 강화도 병행돼야 한다. 시장만능을 하자는 게 아니다.

[질문] 정부가 한전 적자 대책으로 전력거래가격상한 고시개정안을 내놨는데, 민간발전사들이 '반시장적'이라고 반발한다.
[답변] 연료가격이 급등해도 요금에 반영하는 게 정치적으로 막혀 있는 현실에서 나온 임시변통일 뿐이다. 지속가능하지 않고, 근본 대책도 아니다. 올해 한전 적자가 30조원으로 예상된다는데, 고작 몇천억 줄일 수 있을 정도다. 전력도매시장 구조를 바꿔야 한다. 거래 하루 전날 계통한계가격(SMP)에 따라 구매하는 단일방식에서 벗어나 몇 개월 전에 사전계약도 가능하게 하는 등 구매 다변화를 통해 리스크를 헷지할 수 있게 해야 한다.

— 〈한겨레〉, 2022.5.30.

난방비, 정부 주도 결정구조가 문제
… 독립기구에 맡겨야

"'이 정부 들어 민생 안 살핀다', '탈원전 뒤치다꺼리하느라 힘든 거다'는 식으로 여야가 서로 상대편 탓을 한다. 그런 핑퐁 치기식 정치 공방은 문제 해결에 전혀 도움이 안 된다."

조영탁(63) 한밭대 경제학과 교수는 '난방비 사태'를 계기로 진행한 〈한겨레〉 인터뷰에서 "지금의 에너지 가격 결정 구조를 그대로 둔 상태에선 어떤 정부, 어느 정권이 들어선다고 해도 유가나 가스 가격이 올라갈 때마다 맞닥뜨릴 수밖에 없는 문제"라며 "정치 바람을 덜 타는 방식으로 가격 결정 구조를 바꾸는 게 생산적인 해법"이라고 말했다.

이번 난방비 사태로 극명하게 드러난 에너지 가격 문제의 핵심은 "거번먼트(특정 정부·정권)가 아닌 거버넌스(에너지 가격 결정 구조) 때문에 생긴 것"이며 "이는 최근의 전기요금 인상논란 역시 마찬가지"라고 진단했다.

인터뷰는 지난달 31일과 2일 두 차례에 걸쳐 전화로 1시간가량

이뤄졌다. 조교수는 대표적인 에너지 전문가로 꼽힌다. 여러 정부를 거치면서 에너지기본계획 전력분과장, 전력수급 기본계획의 전문위원장으로 활동한 바 있고, 전력거래소 이사장을 지냈다. (질문/답변 정리: 김영배 선임기자)

[질문] 난방비 사태가 에너지 정책에 주는 시사점과 대응방안은?
[답변] "당장은 (취약계층에 지급하는) 에너지 바우처 금액이 적절하냐는 문제가 있겠다. 현재 동·하절기로 나눠 가구원 수를 기준으로 지급하고 있는데, 올해처럼 난방비가 급등하면 의미 없는 수준일 수 있다. 현재와 같이 사후적인 인상대책보다는 연료 가격에 연동해 지급하는 제도적 장치를 한번 생각해볼 필요가 있다. 그 경우 예산편성상 불확실성이 커지는 어려움은 있겠지만, 여분의 예비비를 책정하는 식 등 여러 방안이 있을 것이다. 또 난방비 지원의 사각 계층, 바우처 대상 가구가 지원에서 누락되지 않도록 전달체계의 미비점을 더 살피고 정비할 필요가 있다."

[질문] 중장기 차원에서는 "에너지 이용 효율을 높이는 개선 사업의 확대" 필요성을 들었다.
[답변] "빈곤층에 대한 에너지 비용 지원과 함께 이중창 등 여러가지 단열 사업 지원을 확대할 필요가 있다. 국내 노후 건축물 중에는 단열에 신경을 안 쓰고 지은 게 많다. 물론 개선 사업 추진에서 '주인-대리인 문제'(주인과 세입자의 이해관계 불일치) 같은 장애요인도 있다. 몇 개월 안 살고 나갈 세입자 입장에서 굳이 단열 공사에 따른 불편을 감수할 이유가 없고, 주인 입장에서 난방비는 세입자

가 내기 때문에 굳이 비용을 들여서 단열강화 조치를 하지 않을
수도 있다. 이런 문제까지 고려한 에너지효율 개선 사업을 해나가
야 한다. 건물의 단열을 높이는 건 탄소 중립과도 직결된다. 주민들
도 좋고, 국가 경제는 물론 지구환경에도 좋은 일이다."

조 교수는 더 근본적인 문제는 "요금 결정의 거버넌스, 즉 집권
정부가 사실상 결정하는 에너지 가격 결정 구조에 있다"며 "이걸
바꿔야 한다"고 강조했다.

"이전 정부에선 뭐 했냐, 지금 정부는 왜 대응을 안 했느냐는
식의 싸움은 오히려 문제의 본질을 흐리는 일이다. 이 문제는 보수
정부냐 진보 정부냐의 문제가 아니다. 어느 정부가 정권 안정을
택하지, 가격 올리는 선택을 하겠는가. 똑같은 문제가 반복적으로
발생할 수밖에 없다. 거의 연례행사처럼 돌아오는 선거를 고려해
서 인상 결정은 미뤄질 수밖에 없고, 지금처럼 누적됐던 문제가
한꺼번에 터지게 된다."

현재 가스(도매가격)나 전기요금은 산업통상자원부 장관이 기획
재정부와 협의해 결정하는 방식인데, 사실상 집권 정부에서 정한
다고 볼 수 있다.

조 교수는 "이게 사실 개발도상국 시절의 낡은 체제"라고 말했
다. "1960년대 초 이후 수출주도형 경제개발을 한다고 정부가 공기
업 독점 체제로 바꿔 가격결정권을 쥐고 요금을 통제했다. 경제
개발하면서 물가를 잡고 수출해야 하니, 요금을 싸게 매긴 거다.
전기, 가스 요금은 이만큼만 받으라 하던 개발도상국형 요금통제
방식이 경제협력개발기구(OECD)에 진입한 지금까지 그대로 이어

지고 있는 거다."

[질문] 어떻게 바꿔야 하는가?
[답변] "요금 결정 구조를 정치로부터 최대한 독립시켜야 한다. 정부
로부터 독립된 성격의 규제위원회를 만들어, 여기서 에너지 가격
을 결정하는 거다. 이자율을 금통위(한국은행 금융통화위원회)가 결
정하는 것과 비슷한 방식이다. 이렇게 되면 국제 원유·가스 가격이
오르는 데에 맞춰 제때 요금을 조정하면서 이에 대한 사전 시그널
(신호)을 주면, 소비자들은 여기에 대응하게 된다. 이번에도 독립
규제기구가 있어서 미리 시그널을 주었으면 아무리 강추위라도
소비자들은 요금 폭탄을 피하기 위해 최대한 노력했을 것이다. 미
리 단열하고, 가스를 덜 쓰고 하는 식으로 준비해 충격을 흡수하게
해야 한다. 가격 기능을 통해 메시지, 시그널을 미리 줘야 하는데
정치적 부담으로 폭탄 돌리기를 하니 문제가 쌓였다가 한꺼번에
터지는 거다. 이런 정책 거버넌스는 어떤 정부에든 정치적 부담으
로 작용하고 국민들에게 급작스러운 충격을 유발한다."

[질문] 독립 규제위원회를 만든다고 해서 정치적 이해관계에서 벗어
날 수 있을지 의문이다.
[답변] "공기업 독점구조 등 다양한 요인이 있어서 요금 결정의 거버
넌스만 바꾼다고 해서 100% 문제가 해결된다고 보진 않는다. 국제
에너지 가격이 오른 만큼 그대로 다 반영은 못 할 수도 있다. 그래도
지금 방식보다는 나을 거라고 본다. 집권 정부에 모든 결정권이
주어져 있는 지금 구조에선 선거를 의식하고 야당이나 언론의 비판

이 두려워서 자꾸 다음으로 책임을 떠넘기게 된다. 독립 규제위원회를 구성하고 전문가와 이해관계자들이 모여서 결정하게 하면, 요금 결정 과정의 투명성과 신뢰성이 높아지고, 정부도 정치적 부담 및 이해관계에서 한발 벗어날 수 있다."

[질문] 그렇더라도 에너지 가격 같은 중대 사안을 정부가 손 놓고 있기는 어려운 것 아닌가.
[답변] "물론 집권 정부의 성향에 따라 요금에 대한 정치적 입장이 다를 수 있을 것이다. 이 경우 정부에서 관련 부처를 통해 독립 규제위원회에 의견을 개진할 수 있도록 통로(장치)를 만들면 될 것이다. 합리적 수준을 넘어서는 과도한 가격 인상인지 모니터링하는(감시하는) 방식도 생각해볼 수 있다."

조 교수는 "요금 통제보다 정부가 더 신경을 집중해야 할 중대사안은 에너지 복지 체계의 정비와 강화"라며 "차제에 에너지 빈곤층이나 여러모로 취약한 자영업자나 사업체에 대한 체계적이고 효과적인 지원제도 및 예산 등을 마련해야 한다"고 말했다.
"에너지 가격을 독립적 위원회에서 원가 중심으로 운영하고 탄소 중립을 위해 탄소 비용 등도 반영하게 되면 에너지 요금이 상승할 가능성이 높다. 정책의 수용성이란 측면에서 에너지 빈곤층이나 취약업체에 대한 지원체계 없이는 독립규제위원회든 탄소 중립이든 제대로 효과를 거두기 어렵다."

[질문] 앞으로 정부나 정치권에서 이 문제를 어떻게 다뤄나가야 한

다고 보는가?

[답변] "독립 규제위원회 문제는 새 정부가 출범하면서 전기 분야와 관련해 언급한 바 있고 현재 여러모로 고민 중인 것으로 알고 있다. 독립 규제위원회라고 하더라도 '독립성의 수준 및 방식' 그리고 전기, 가스, 열 요금 등 '포괄대상의 범위'도 다양하기 때문에 정부의 시안이 나와봐야 이에 대한 구체적인 논의가 진행될 수 있을 것이다."

조 교수는 이번 사태로 "정부가 요금문제에 더 적극적으로 통제하고 개입해야 한다거나 거버넌스 개선 없이 국민 지원금만 더 확대하자는 식의 얘기도 나올 수도 있어서 우려되는 측면도 있다"며 "다양한 의견을 놓고 정치권이 머리를 맞대고 합리적인 방향으로 논의해나갔으면 한다"고 말했다. 이를 위해서라도 "남 탓 하는 '정치 공방'을 벌일 때가 아니라 요금 결정 구조 개선을 둘러싼 '정책 공방'을 벌일 때"라고 덧붙였다.

— 〈한겨레〉, 2023.2.2.

| 에필로그 |

무한한 감사와 자전적 소회

대학원 시절을 포함하여 거의 40여 년의 연구인생을 살다 보니 감사의 마음을 전해야 하는 분들이 너무 많다. 의례적인 인사가 아니라 간단한 사연이 담긴 진심을 담기에는 글머리의 지면이 너무 좁다. 게다가 보잘것없는 연구인생이지만 정년을 맞이한 자전적인 소회를 간단히 정리하는 것도 개인적으로 의미가 있을 것 같다. 이러한 '감사와 소회'를 엮어 에필로그에 담는다.

▌세 번의 행운

인생을 살다 보면 크든 작든 어떤 전환점이나 계기를 맞이하거나 예상치 못한 행운과 조우할 때가 있다. 연구자의 인생도 다르지 않은 것 같다. 되돌아보면 저자의 연구인생에서 가장 극적인 전환점은 연구인생의 중간지점에 이르러 정치경제학 분야를 떠나 생태경제학에 입문한 것이다. 이후 논문과 저서를 쓰는 과정에서 '생태경제학' 혹은 '생태경제학자'를 의도적으로 강조한 적이 있는데,

이는 생태경제학의 불모지나 다름없는 국내 학계에 생태경제학을 홍보하려는 뜻도 있지만, 부차적으로는 다소 외람되지만 생태경제학을 국내 학계에 처음으로 체계적으로 소개·정리했다는 자부심도 깔려 있다.

여러모로 부족하지만, 저자가 국내 학계에 생태경제학을 체계적으로 소개할 수 있었던 것은 국제생태경제학회(International Society for Ecological Economics) 창립의 두 주역이신 허먼 댈리(H. Daly)와 로버트 코스탄자(R. Costanza) 교수님 덕분이다. 이역만리 먼 나라에서 생면부지의 학자가 무턱대고 연구년 초청을 부탁하면 완곡하게 거절하는 경우가 많다. 하지만 연구년을 이용하여 생태경제학을 공부하고 싶다는 저자의 뜬금없는 메일 한통에 두 분께서 흔쾌히 당시 매릴랜드대학교 소속이었던 '생태경제연구소(Univ. of Maryland Institute for Ecological Economics)'의 비지팅 스칼라로 초청해 주셨다. 연구 인생의 전환점을 막 돈 시점에 조우한 '첫 번째 행운'이었다.

그 덕분에 미국에서 생태경제학이 출범한 지 얼마 되지 않았던 때라 한국에서는 도저히 접근할 수 없는 수많은 연구자료와 정보를 연구년 기간에 습득할 수 있었다. 저자의 영어가 시원치 않아 잘 알아들을 수 없었던 댈리 교수님의 생태경제학 강의를 칠판의 내용으로 추측하면서 들었다. 코스탄자 교수님의 생태학 세미나는 생태학 지식이 전무했던 저자에겐 말 그대로 깜깜한 첩첩산중이었다. 코스탄자 교수님께서 이를 눈치채시고 세미나보다는 갖고 계신 책과 논문을 저자에게 소개하여 저자의 연구를 도와주셨다. 안타깝게도 2년 전에 작고하신 댈리 교수님과 여전히 왕성하게 활동

중이신 코스탄자 교수님께 이 자리를 빌려 깊이 감사드린다.

연구년 이후 조승헌 초대 회장과 김종호, 신영철, 우석훈, 이상훈, 최미희, 최정수 박사님, 서울대 환경대학원의 대학원생 그리고 별명 자체가 생태친화적인 '고철' 김경식 대표님과 함께 '생태경제연구회'를 만들어 생태경제학에 대한 학습 프로그램도 짜고 정기적인 세미나와 워크샵도 운영하였다. 그 과정은 생태경제학에 대한 저자 나름의 이론 체계화에 큰 도움이 되었다. 또한 생태경제연구회 회원들과 같이 레스터 브라운(L. Brown)의 저서인 *Eco-Economy*의 한국어 번역판을 낸 것도 기억에 남는다. 원저자께서 별도의 한국어판 서문과 친필의 감사인사가 적힌 원서를 번역자들에게 보내준 것도 감사한 일이다. 이후 후속판이 나오지 않아 아쉽지만, 저자의 생각으로는 지금까지 쓰여진 생태경제에 대한 대중서 가운데 가장 생태경제학의 이론체계에 맞추어서 잘 쓴 책이다.

생태경제연구회는 이후 저자가 오랜 기간 회장을 맡아 운영했음에도 저자의 역량 부족으로 연구회를 더 탄탄하고 체계적인 연구조직으로 발전시키지 못했다. 이는 지금 생각해도 참 아쉽고 모든 회원 여러분께 너무나 죄송하다. 다행히도 전술한 회원을 포함한 모든 분들이 각자의 영역에서 뛰어난 역량으로 활동하고 있어서, 저자로서는 그나마 미안함을 덜게 되었다. 이 역시 감사하고 고마운 일이다.

생태경제학의 핵심개념인 '자원흐름(throughput)', 그중에서도 에너지문제와 천연가스 연구를 하고 있을 시점에 당시 부안방폐장 사건으로 촉발된 대통령직속 국가지속가능발전위원회(PCSD)의 적정 원전기수 연구팀에 참여하게 되었다. 이는 저자가 본격적인 전력연구를 하게 된 계기가 되었고, 그 연구팀에서 김창섭, 박종배 교수님과 석광훈 박사님을 만나 지금까지 연구인생의 가장 오랜 동반자로 지내고 있다.

김창섭 교수님께서는 전력연구의 초보자인 저자에게 관련 업계 및 연구자들을 다방면으로 연결시켜 주셨고, 박종배 교수님께선 전기공학과 경제학을 포괄하는 탁월한 전문성으로 지금까지 저자의 연구 및 활동에 소중한 파트너 역할을 해 주셨다. 오랜 기간 환경운동에 몸담았던 석광훈 박사님께서는 어지간한 전문가를 뛰어넘는 지식과 현장감으로 많은 도움을 주셨다.

이후 전력산업을 지속적으로 연구하는 과정에서 손양훈, 조성봉, 김영산 교수님으로부터 저자가 전력산업에 입문하기 전에 있었던 전력산업구조 개편과정에 관한 내용을 배울 수 있었고, 김성수, 노재형 교수님께서는 전력분야의 가방끈이 짧은 저자에게 공동연구의 기회를 마련해 주셨다. 에너지경제연구원의 정한경 박사님께서는 학과 후배인 저자에게 애정을 가지시고 전력산업의 모든 것을 가르쳐 주셨고, 김재경, 노동석, 박광수, 박명덕, 이근대, 이유수 박사님으로부터 석유산업, 전원계획, 재생기능에너지, 전기요금과 전력시장 개혁 등에 관해 유익한 귀동냥을 하였다. 또한 산업연구원의 정은미 박사님을 통해 온실가스감축 및 산업정책과 전력문제라는 새로운 시각도 경험할 수 있었다. 법률가로서 천연가스산업을 넘어 전천후로 활동하시는 안완기, 박진표 두 분의 식견과 격려는 늘 저자의 든든한 우군이었다.

김태유, 유승훈, 이종수 교수님으로부터는 에너지산업을 넘어 기술의 역사와 혁신에 관한 식견을 들을 수 있었고, 박진호, 손정락

두 분 박사님을 통해서 에너지기술 동향과 전망에 관한 저자의 부족한 지식을 채울 수 있었다.

무엇보다 경제학자로서 전력연구에서 가장 어려웠던 부분은 전력계통에 대한 것이었다. 이에 대해서는 탁월한 식견을 가지신 전영환, 주성관, 허견 교수님과 고려대의 전기공학부 교수님 그리고 전기연구원의 문영환, 이창호 박사님께 많이 배웠다. 그 덕분에 전력거래소 이사장 재직시에 송전계통과 전력망 운영 그리고 재생가능에너지 보급문제를 더욱 생생하게 체험할 수 있었다.

저자도 전기위원회 위원으로 활동한 적이 있지만 각종 인허가와 복잡한 이해조정에 경황이 없는 전기위원회에서 위원장으로서 전문성과 리더쉽을 발휘하신 강승진, 박종근, 이종영 교수님으로부터 위원회 회의석상에서나 여타 세미나 자리에서 배운 게 너무 많다. 박학다식하신 강승진 교수님과 함께 박중구 교수님 역시 학과 후배인 저자에게 다양한 전문지식은 물론 아낌없는 격려를 보내주셨다. 에너지경제연구원장과 환경정책평가연구원장을 각각 역임하신 박주헌, 조용성 교수님과 윤제용 교수님께서는 여러모로 부족한 저자의 생각을 늘 존중하고 귀담아 들어주셨다.

무엇보다 저자는 물론 학계에 가장 아쉽고 안타까운 일은 오랜 기간 같이 호흡해온 박호정 교수님께서 너무 일찍 우리 곁을 떠나신 것이다. 기후변화 경제학에 타의 추종을 불허할 연구 업적을 내셨고, 여러모로 부족한 저자의 생태경제학과 에너지분야 연구에 항상 지지와 격려를 아끼지 않으셨던 분이라 너무 감사하고 또 안타까운 마음이다.

박호정 교수님의 빈 자리를 이어받아 이제 학계의 중진으로서 뛰어난 역량으로 활동하고 계신 김진수, 류권홍, 이동규, 이상준, 정연제, 조홍종, 최용옥 교수님께서는 늘 새로운 연구와 참신한 자료로 연구체력이 떨어진 저자에게 귀중한 영양제를 제공해 주셨다. 이처럼 에너지문제에 늦깎이로 입문했음에도 초기부터 지금까지 각 분야에서 최고의 실력을 갖춘 전문가들을 만난 것이 저자에겐 큰 복이자 '두 번째 행운'이었다.

한편, 이론에만 경도된 책상물림이 빠지기 쉬운 함정은 바로 현실과의 괴리다. 이론과 현실간의 거리를 생각하지 않고 추상적이고 경직적인 이론으로 구체적이고 살아있는 현실을 재단하는 '프로크루스테스의 오류'에 빠지기 쉽기 때문이다. 이러한 오류를 최대한 피할 수 있는 길은 늘 자신이 틀릴 수 있다는 겸손한 자세로 이론에서 현실로, 현실에서 다시 이론으로의 무한 회귀하는 '뫼비우스의 띠' 위에 머무는 것이다. 저자가 환경경제학보다 더 환경지향적인 생태경제학자를 표방하면서도 한국적 특수성 속에서 탄소중립과 에너지문제를 고민할 수 있었던 것은 산업통상자원부 및 관련업계와의 지속적인 협력과 소통덕분이었다.

우선 전술한 적정 원전기수 연구를 기점으로 거의 20여년에 걸쳐 우리나라 전력수급기본계획과 국가에너지기본계획 수립에 직·간접으로 참여한 것이 저자에겐 가장 큰 도움이 되었다. 매번 계획마다 외부에서 쏟아지는 무리한 난제들에 직면하여 그 부작용을 최소화하기 위해 산업통상자원부 소관부처의 실·국·과장님과 서기관 및 사무관님들과 함께 한 협의와 논의는 저자에게 현실의 각성제이자 에너지 연구의 자양분이 되었다.

그 과정에서 산업통상자원부의 유관기관인 전력거래소, 전기연구원, 에너지경제연구원, 에너지관리공단 등으로부터도 참으로 많은 도움을 받았다. 특히 전력거래소는 정부계획의 위원으로 활동할 때는 물론 이사장으로 부임해서 근무할 때도 저자에겐 급박하고 생생하게 돌아가는 전쟁터이자 배움터였다. 전력수급기본계획은 물론 전력시장과 계통운영 개선을 같이 고민하고 우수한 인재확보, 부족한 부대시설과 신규부지 확보를 위해 열정적인 임직원들과 함께 동분서주하며 고생했던 것은 다른 기관에서는 맛보기 어려운 경험이자 보람이었다. 이 자리를 빌려 산업통상자원부와 전력거래소 등 관계기관에 깊은 감사의 뜻을 전한다.

또한, 환경주의자들이 탄소중립의 가장 큰 적이라고 비판하는 철강 및 석유업계와의 끊임없는 소통자리 역시 저자에게 이론과 현실을 연결하는 다리였다. 그 자리에서 들을 수 있었던 현장의 목소리는 연구자로서 고민해야 현실의 제약조건이었다. 또한 창립 때부터 참여해 온 한국전력공사의 전력경제포럼, 비록 짧은 기간이었지만 한국가스공사의 위원회 활동, 물 흐르듯 지속되고 있는 한국수자원공사의 물과 에너지포럼 등은 늘 저자에게 현장의 소리이자 연구의 자양분이 되었다.

이처럼 산업통상자원부와의 오랜 협력과 교류를 비롯하여 탄소배출의 '금·은·동메달'격인 전력업계, 철강업계, 석유업계와의 교류와 소통은 저자가 '뫼비우스의 띠'를 벗어나지 않게 강하게 잡아주는 구심력 역할을 해주었다. 자칫 환경근본주의에 빠지기 쉬운 생태경제학자인 저자에겐 '세 번째 행운'이 아닐 수 없다.

▌세 번의 아쉬움

늦깎이로 생태경제학과 에너지문제에 입문하면서 부족한 연구지만 보람있고 기억에 남는 일도 있었다. 우선, 생태경제학의 이론 측면에서는 20세기 전통적 뉴딜과 사뭇 다른 21세기 그린 뉴딜의 역사이론적 성격을 저자 나름대로 정립하고 국내외적으로 처음 이에 부합하는 정책을 제안한 점이다. 이는 역대 정부를 거치면서 보수와 진보진영에서 각각 제안한 그린 뉴딜과는 관점과 정책 체계가 다른 것으로 개인적으로 가장 기억에 남는다.

둘째, 전력문제에서 당시 남는 전기를 사용한다는 좋은 취지로 시행되었던 심야전력의 문제점을 지적하고, 이로 인한 엄청난 수입연료 낭비와 불필요한 온실가스 추가배출을 지적한 점이다. 그 연장선상에서 우리나라의 특수성으로서 전력의 상대가격 왜곡문제, 이를 교정하기 위한 발전용 연료 세제 수정과 발전용 가스요금의 교차보조문제를 지적하고 그 중 일부가 수용된 것도 기억에 남는다.

셋째, 두 차례의 대외적인 감축목표 선언에서 중기계획에서부터 중복계산에 따른 오류가 있었고, 30년 NDC 목표설정시에 그에 대한 수정이나 감안도 없이 과도하게 감축목표를 설정한 것을 지적한 것도 기억에 남는다. 특히 중기감축계획상의 중복산정에 대한 저자의 추정수치와 함께 자료 공개 및 검토 제안에 대해 당시 담당 부처의 산하 실무기관이 자료 공개는 하지 않은 채 아무 문제가 없었다는 입장을 취한 것은 참 씁쓸하고 안타까운 기억으로 남아 있다.

여러 가지 보람도 있었지만 그 이상으로 아쉬운 점도 많았다. 우선, 전력과 에너지문제를 연구하고 대안을 고민하면 늘 더 이상 진전하기 어려운 막다른 길에 막히곤 하는데, 그것이 바로 전력 및 가스산업구조 문제였다. 저자가 전력과 에너지문제에 입문하기 전의 일이기는 하나 2000년 전후로 사회적 논란을 유발하였던 전력 및 가스산업구조개편이 어중간하게 중단된 것이 이후 전력산업의 발전은 물론 현재 탄소중립의 발목까지 잡고 있다.

당시 과거 체제를 관념적으로 고수했던 구조개편 반대론에 대해서는 논의할 필요가 없을 듯하고, 구조개편론의 경우도 문제제기는 적절했지만 일부 이론상 한계가 있었고 개편 수순 역시 문제가 있었다고 생각된다. 하지만 당시에 어떤 형태로든 개편이 지속되었으면 설령 중간의 시행착오를 거치더라도 지금은 정부와 시장간의 역할분담하에 효율성에 환경성과 공공성이 강화된 새로운 체제로 전환되었을 것이다. 이 점이 저자가 전력과 에너지문제를 연구하면서 느낀 '첫 번째 아쉬움'이다.

저자가 생각하는 '두 번째 아쉬움'은 전술한 적정 원전기수 연구과정에서 원전의 일방적 확대의 대안으로 당시 계약조건이 매우 유리했던 발전용 천연가스 확보 제안이 수용되지 않은 점이다. 1990년대말 아시아 금융위기의 여파로 아시아지역의 천연가스 수요가 급감하여 매우 낮은 수준의 상한가격 조건으로 유가 연동에 따른 리스크가 거의 없는 저렴한 가스계약이 가능하였다(이른바 buyer's market). 당시에 대량의 천연가스 장기계약을 체결하였다면, 석탄발전보다 낮은 단가의 가스발전으로 이후 20여년간 한국의 전원구성은 물론 탄소중립과 온실가스 감축에 긍정적인 효과를 얻을 수 있었을 것이다.

물론 그 이후로도 천연가스의 가격이 저렴했던 시기가 두어차례 있었지만 아쉽게도 우리나라는 그 기회를 놓치거나 충분히 활용하지 못했다. 그렇게 된 이유는 여러 가지가 있지만 공기업 중심의 가스도입 및 그 경직성이 주요 원인중의 하나다. 가스산업 역시 전력산업과 마찬가지로 산업구조가 얼마나 중요한지를 보여주는 사례다.

'세 번째 아쉬움'은 국민경제의 기본통계인 국민계정체계(System of National Accounts, SNA)의 위성계정으로 국민경제활동과 자연생태계간의 연관관계, 즉 생태경제학이 강조하는 '자연생태계속에 배태된 국민경제'를 분석할 수 있는 환경경제통합계정(System of Environmental-Economic Accounting, SEEA)의 구축이 중단된 점이다. 환경부와 한국환경연구원이 주도하고 한국은행과 통계청 그리고 저자가 참여하여 수년에 걸쳐 진행되었던 계정체계의 매뉴얼 정립과 관련 통계구축이 아쉽게도 2010년대 중반이후 동력을 상실한 것이다.

엄청난 노력과 시간을 요하는 방대한 통계구축 작업인데다가 한국은행과 통계청간의 역할분담 문제, 각 기관에 산재되어 있는 관련 통계, 일부 행정통계의 신뢰성 문제 등 우리나라 특유의 장애요인이 있기는 했지만, 한국사회가 아직 이런 인내력을 요하는 통계구축을 할 여유가 없는 사회라는 점이 무척 아쉬웠다. 더구나 이 작업은 전술한 생태경제연구회의 멤버이자 한국환경연구원의 김종호 박사님께서 주도하셨고 저자도 열정을 갖고 참여한 작업이라 더욱 아쉬움이 크다.

▌세 번의 대선경험

수 십년간 우리나라 에너지정책에 직·간접으로 참여하면서 느낀 점은 역대 정부와 정당의 정치적 입장은 다르더라도 서로 한 발자국의 거리만 좁히면 실사구시의 유익한 정책들이 가능하다는 것이다. 하지만 현실은 정반대로 탄소중립과 에너지문제를 둘러싸고 소모적인 대립과 극심한 갈등을 지속하였다.

이런 답답함과 안타까움으로 책상물림의 한계를 무릅쓰고 '세 번의 대선과정'에 직·간접으로 관여하여 '책상물림의 고양이손'을 보탠 적이 있다. 매번 상황은 달랐지만 그 목적은 보수 및 진보진영에 실사구시의 중도적 요소를 강화하는 것이었다. 이를 통해 일차적으로 에너지문제의 진영편향을 제거하고, 나아가 보수는 보수정당답게 진보는 진보정당답게 변화하는 계기를 만들 수 있으리라는 기대 때문이다.

미력의 '책상물림의 고양이손'을 보탰지만 결과적으로 두 거대정당에 큰 변화를 유도하지 못했다. 이는 우리나라 거대정당의 관성이 그만큼 강하다는 의미이기도 하다. 비록 원하는 결과를 얻지는 못했지만 그래도 양당에 기대할 만한 훌륭한 정치인들이 있다는 것을 국민의 한 사람으로 확인한 것은 보람이었다. 그 과정에서 가장 기억이 남는 장면은 '새정치민주연합의 합당'과 '바른정당의 창당'이다.

새정치민주연합의 합당과정에서 함께 고생한 여러 정치인들과의 만남은 개인적으로 참 소중한 경험이었다. 진보적이면서도 이데올로기적 진영논리에 얽매이지 않은 정치인들이 있다는 것만으로도 위안이 되었다. 바른정당의 창당은 여러모로 힘든 일이었지만 그만큼 자부심과 보람이 있었고 가장 기억에 남는다. 최근 보수정당의 불행한 사태를 지켜보면서 당시 바른정당에 몸담았던 정치인들이 보수재건의 주축이 되었다면 이런 불행한 사태는 반복되지 않았을 것 같아 안타까운 마음을 금할 길이 없다. 하지만 '새벽이 오기전이 가장 어둡다'는 말처럼 곧 우리나라 정치도 협치와 상생의 정치로 거듭날 것을 기대하고 또 믿어 의심치 않는다.

저자가 이 책의 축사로 외람되게 강금실 대표님과 유승민 선배님을 모신 것은 저자와의 개인적인 인연이 주된 배경이지만, 에너지문제는 물론 한국사회가 거듭나기 위해서는 한국정치가 바뀌고 양당간 협치가 중요하다는 사실과 그 가능성을 이들 두 분을 통해 말하고 싶은 뜻도 있다.

강금실 대표님께서는 아시다시피 노무현 정부의 법무부 장관을 거쳐 정치의 길을 걸으시다가 보다 더 큰 정치인 '생명의 정치'에 뛰어드신 분이다. 그 일환으로 '지구와사람'이란 모임을 창립하시고, 인간 변호를 넘어 '자연 변호'를 위한 생명정치와 지구법학에 몰두하고 계신다. 인간에 국한된 전통법학이 아니라 자연을 포괄하는 '지구법학'이 인간경제에 국한된 전통경제학이 아니라 자연을 포괄하는 '생태경제학'과 유사한 문제의식이어서 법학자임에도 어떤 다른 경제학자보다 생태경제학에 큰 관심과 격려를 보내주시고 있다.

십여년 전에 뜻밖의 연락을 받고 대표님을 처음 뵈었을 때 저자에게 생태경제학에 대한 설명을 청하시던 소탈하신 모습이 아직도 기억에 생생하다. 그 이후 지금까지 '지구와사람'의 행사나 관련

세미나에 생태경제학 소개나 탄소중립에 대한 저자의 발표자리를 마련해 주시고, 우리 사회에서 생태경제학자로서 다양한 역할에 대한 조언도 아끼지 않으시는 등 저자에겐 여러모로 고마운 분이시다. 더구나 경제학이 아닌 법학자로서 생소한 에너지경제에 관한 책의 축사를 쓰는 것 자체가 부담인 데다가 최근 불행한 정치상황으로 나라걱정에 노심초사하시면서도 경제학 전공자 이상으로 이 책의 핵심을 꿰뚫으시고 분에 넘치는 축사를 보내주신 것에 깊이 감사드린다.

또 다른 축사를 써 주신 유승민 선배님과는 사실 개인적인 인연이 깊다. 외형상 같은 경제학과 선후배이지만 그것은 인연의 일부에 지나지 않는다. 유승민 선배님과는 어린 시절부터 부모님과 형제끼리 서로 왕래하면서 살았던 이웃사촌으로 저자에겐 친근한 '동네형'이었다. 저자의 작은 형님과는 죽마고우인 관계로 저자를 친동생처럼 대해주셨고, 대학입시를 앞둔 저자에게 공부의 노하우를 전수해 주시기도 했다. 그 덕분인지 운명인지 선배님과의 인연은 같은 대학교 같은 과의 선후배로 이어졌다. 유선배님께서 KDI를 떠나 정계에 입문하시면서 인생의 경로가 달라져 뜸했던 교류가 다시 이어진 계기는 원내대표 파동과 탄핵 그리고 그에 이은 바른정당의 창당이었다.

평소 에너지문제 해결 나아가 대한민국의 새로운 도약을 위한 양당의 정치개혁에 공감하고 있던 저자에게 '동네형이자 학과선배'의 창당과정에 고양이손을 보탠 것은 너무나 당연한 일이었다. 물론 바른정당의 보수재건은 원하는 대로 진행되지 않았고, 이후 선배님께선 수많은 정치적 풍파를 겪었고 지금도 겪고 계신다.

책상물림인 저자로선 유선배님께서 앞으로 어떤 정치경로를 걸으실지 가늠할 수 없다. 하지만 개인적으로는 유선배님께선 이미 한국의 보수정치에 의미있는 족적을 남기셨다고 생각한다. 너무나 유명한 한시의 한 구절, '눈 덮인 들판을 걸어갈 때 어지럽게 함부로 걷지 마라(踏雪野中去 不須胡亂行)'라는 말처럼 유선배님의 발자국을 따라 점차 많은 사람들이 같이 걷게 되고 결국은 설정한 목적지에 도달할 것을 믿기 때문이다. 보수정치의 목적지를 설정하고 지금까지 눈길위에 발자국을 어지럽게 남기지 않는 것만으로 큰 의미가 있다. 그런 점에서 한 전직 정치인의 '유승민은 이미 성공한 정치인'이란 평가에 공감한다.

모든 것을 떠나 저자가 까까머리 중학교 시절에 만나 이웃사촌과 경제학과 선후배를 거쳐 바른정당까지 함께 한 '승민이 형'의 축사로 정년을 맞이하는 것은 연구인생을 넘어 저자의 인생사에 뜻깊은 일이 아닐 수 없다. 예상치 못한 정치상황에 바쁘신 일정중에도 과분하고 뜻깊은 축사를 보내주신 선배님께 깊이 감사드린다.

이상에서 언급한 분이나 기관 이외에 도움을 받은 것은 너무나 많다. 하지만 에필로그도 너무 길어지면 '꼰대의 넋두리'가 되니 여기서 마무리한다. 제한된 지면과 현저하게 떨어진 기억력으로 미처 언급하지 못한 분들께는 이 책을 들고 직접 감사의 인사를 드릴 생각이다.

어떤 예술인이 '예술가가 창조자로서 작업하기 위해서는 세상으로부터 자신을 단절시키는 일종의 자아 규제가 필요하다'는 말을 한 적이 있다. 세상에 너무 밀착되어 바쁘게 살다보면 창조적인 일들을 하기 어렵다는 뜻일 것이다. 되돌아보니 저자도 세상의 좁은 길에서 별다른 성과를 내지도 못한 채 앞만 보고 바쁘게 달려온 것 같다. 만시지탄의 느낌은 있지만 이제 '연구 인생'을 마감하면서 남은 시간은 거리를 두고 여유있게 세상을 대하는 '인생 연구'를 해야 하지 않을까 생각하고 있다.

끝으로 다소 특이한 개인적 감사로, 딱딱한 연구실 분위기를 부드럽게 만들어 주고 컴퓨터 자판의 바쁜 손놀림과 지루한 반복에 지친 저자에게 '안단테의 느림'과 '페르마타의 쉼표'를 마련해준 수많은 음악가들, 특히 수차례 생사를 넘나드는 역경 속에서도 천의무봉의 연주를 넘어 저자에게 불굴의 삶이란 귀감까지 되어준 피아니스트 클라라 하스킬(C. Haskil)에게 감사와 함께 존경의 마음을 덧붙인다.

조영탁 曺永卓

서울대학교 경제학과를 졸업하고 같은 대학교에서 석사 및 박사학위를 받았다. University of Maryland Institute for Ecological Economics의 비지팅 스칼라, 한국생태경제연구회 회장, 제4, 5, 6, 8차 전력수급기본계획 위원 및 제2차 에너지기본계획 전력부문 위원장, 한국경제발전학회 회장, 한국전력거래소 이사장을 역임하였고 한국환경한림원 정회원으로 현재 한밭대학교 경제학과 명예교수다.

주요 논문으로「생태경제학의 방법론과 비전」,「물질흐름분석(MFA)의 의의와 정책적 함의(공저)」,「한국의 농정전환과 지속가능한 농업농촌 패러다임」,「심야전력제도의 문제점과 개선방향(공저)」,「한국의 전력수급계획과 원전문제」,「이명박 정부의 녹색뉴딜과 한국경제의 생태적 뉴딜」,「한국경제의 저탄소화와 재정정책의 역할」,「한국경제의 그린 뉴딜과 탄소중립을 위한 전환과제」 등이 있다.

주요 저서로는『한국경제의 지속가능한 발전 전략: 생태경제학의 기획』,『생태경제학자 조영탁, 생태경제와 그린 뉴딜을 말하다』,『생태경제학자 조영탁, 탄소중립과 에너지체제 개혁을 말하다』가 있고, 공동저서로는『한국자본주의분석』,『농업농촌의 이해』,『실사구시 한국경제』,『5대 전환과 한국경제』 등이 있다. 2003년도 환경정책연구 우수논문상, 2017년 산업통상자원부 장관표창, 2020년 대한민국 환경·에너지대상 학술대상을 수상한 바 있다.

생태경제학자 조영탁,

탄소중립과 에너지체제 개혁을 말하다

2025년 2월 5일 초판 1쇄 펴냄

저 자 조영탁
발행인 김흥국
발행처 보고사

책임편집 이경민
표지디자인 김규범

등록 1990년 12월 13일 제6-0429호
주소 경기도 파주시 회동길 337-15 보고사
전화 031-955-9797(대표)
    02-922-5120~1(편집), 02-922-2246(영업)
팩스 02-922-6990
메일 kanapub3@naver.com / bogosabooks@naver.com
http://www.bogosabooks.co.kr

ISBN 979-11-6587-770-5 93320
ⓒ 조영탁, 2025

정가 15,000원